KB036726

추리 두뇌 플레이

노영욱 지음

추리
두뇌 플레이

지루한 일상에 새로운 자극을 주는
본격 추리 두뇌게임

자, 이제
추리를
시작하지

가나출판사

당신의 추리력은 몇 점입니까

오늘 아침 지하철에서 우연히 스친 중년 남성에게서 희미한 삼겹살 구이 냄새가 난다. 자세히 보니 셔츠의 깃도 좀 구겨져 있다.

'저 사람, 어제 늦게까지 회식한 후에 근처 사우나에서 자고 출근하는 건가? 아니면 아침에 너무 정신이 없어서 어제 입었던 옷을 그대로 입고 나온 건가?'라고 생각하는 당신. 추리는 이렇게 일상적이고 사소한 데서 시작한다.

추리라고 하면 많은 사람들이 범죄와 연관된 것만을 떠올리는데, 이렇게 한정하면 추리의 재미를 놓칠 수밖에 없다. 추리는 지루한 일상에 즐거운 긴장감을 불어넣어주는 흥미로운 소재가 될 수 있다.

우리나라에서도 추리물은 꽤 인기 있는 콘텐츠다. 코난 도일과 애거서 크리스티 같은 작가들의 클래식한 추리소설, 히가시노 게이고 같은 일본 대중 추리소설 작가의 작품도 서점의 진열대를 떠나지 않는다. TV에서는 추리 요소가 가득한 스릴러 드라마가 넘치고, 극장에서도 수많은 미스터리 영화가 관람객을 불러모은다. 그런데 추리물을 좋아하지만 추리를 잘하지 못해 아쉽다는 사람들이 많다. 같이 영화를 보고 나왔을 때 상대방은 다 이해한 단서와 스토리를 나만 놓쳐서 속상했다는 고백도 쉽게 들을 수 있다.

이 책은 추리를 좋아하고 추리의 재미를 충분히 느끼고 싶은 사람들을 위한, 이를테면 '추리 입문서'다. 물론 추리력이라는 것이 책 한 권 들여다본다고 해서 쑥 자라나는 것은 아니겠지만, 적어도 이 책이 추리의 기본 원칙과 추리를 좀 더 능률적으로 하는 법은 알려줄 수 있을 것이다.

이 책에서는 뉴스 혹은 드라마나 추리소설에서 접하는 사건들을 쉽게 해석할 수 있도록 추리의 기본을 7가지로 분류하고, 각 경우마다 어떻게 접근하고 추리하여 해결해야 하는지 그 기법을 정리하였다. 그리고 기법을 익힌 다음에는 관련 문제를 풀면서 추리력을 향상시킬 수 있도록 하였다. 기존에 추리를 좋아해온 사람이라면 기초를 다지며 문제를 푸는 재미를 느낄 수 있을 것이다. 또 남들은 이해한 단서를 늘 놓쳤던 사람, 추리가 어렵게만 느껴졌던 사람에게는 추리의 매력에 흠뻑 빠질 수 있는 기회가 되지 않을까 한다.

이 책을 내기까지 나와 10년 이상을 함께한 국내 최고의 추리 커뮤니티 RS 추리동호회, 가가탐정클럽, 또 그 소속 스태프들과 회원들에게 드디어 우리의 덕질이 빛을 발하노라고 전하고 싶다. 책을 집필하는 동안 도움을 준 영혼의 동반자 한울 형님과 여신 경선, 정호, 우람, 인이, 강욱에게 고맙다는 말을 전하고 싶다. 또 책이 나오기까지 여러모로 고생해주신 변유경 팀장님, 서선행 차장님께 감사드린다. 책 홍보에 선뜻 도움을 주신 이정주 대표님, 천동혁 대표님, 김다영 대표님의 도움도 잊을 수 없다. 마지막으로 방 탈출 제작 · 추리 콘텐츠 기획 회사 RS 프로젝트의 가족인 영민, 현석, 현이, 재승, 병권, 강륜에게도 감사의 말을 전한다.

노영욱

차례

─────── 작가의 말 당신의 추리력은 몇 점입니까? 5

Lesson 1
피해자와 가해자의 주손을 파악하라

1. 마리 퀴리와 베토벤의 공통점은? 17 | 2. 주손을 알아채는 법 21
3. 추리 문제에 등장하는 주손 트릭 27

Q1 신입 이 경위의 수사 ① 피해자의 주손 30
Q2 신입 이 경위의 수사 ② 가해자의 주손 34
Q3 녹음기의 비밀 35

Lesson 2
홈즈의 추리비밀은 스누핑이다

1. 셜록 홈즈는 초능력자가 아니다 43 | 2. 무엇을 보고, 무엇을 알아채야 하는가? 46
3. 스누핑의 고수가 되고 싶다면? 49

Q1 마지막 샤워 51
Q2 용의자의 방 54
Q3 사흘 동안의 미스터리 57

Lesson 3
알리바이가 확실한 사람일수록 의심하라

1. 알리바이란? 67 | 2. 알면서도 당하는 알리바이의 트릭 70

Q1 눈보라 치던 밤 78
Q2 수상한 통화 기록 80
Q3 완벽한 증언 82

Lesson 4
독살은 반드시 흔적을 남긴다

1. 추리소설의 여왕은 독극물의 여왕! 89 | 2. 추리소설에 자주 등장하는 독극물 92
3. 독극물 트릭의 유형 95

Q1 블랙 컨슈머의 사망 100
Q2 술에 취한 은사 102
Q3 갑작스러운 죽음 105

Lesson 5

자살인가 타살인가

1. 시신은 모든 것을 알고 있다 115 | 2. 자살일까, 타살일까? 주저흔과 방어흔 118
3. 사망 추정 시각을 밝혀라! 120 | 4. 범행 흔적이 말해주는 것 123

Q1 할아버지의 이메일 130

Q2 공원 살인 사건 133

Q3 실족 사고의 진실 136

Lesson 6

암호와 다잉 메시지를 절대 놓치지 마라

1. 암호는 왜, 어떻게 만들어지는가? 145 | 2. 추리물에 등장하는 기본 암호들 148
3. 추리 문제의 감초, 다잉 메시지 153

Q1 편의점 아르바이트생의 메시지 158

Q2 경찰이 되고 싶다고? 160

Q3 마스크를 쓴 피해자 162

Lesson 7

탐정은 어떻게 추리하나

1. 추리의 기본, 연역법과 귀납법 169 | 2. 탐정은 가추법으로 추리한다 176
3. 소거의 미학 180

Q1 노 경감의 추리 문제 183

Q2 문지기의 수수께끼 185

Q3 모범수의 석방 186

Lesson 8
연습은 끝났다! 본격 추리 도전 20

Q1 자동차 번호판의 비밀 192

Q2 동생의 지혜 196

Q3 조카의 죽음 202

Q4 마지막 만찬 208

Q5 짝사랑의 끝 212

Q6 결벽증 남성의 죽음 217

Q7 그녀의 다잉 메시지 220

Q8 조카의 부탁 223

Q9 밀실에서의 자살 228

Q10 모르는 여자 232

Q11 깨져버린 신혼 237

Q12 이 경위, 단번에 정리하다 240

Q13 뺑소니 운전자의 변명 244

Q14 사소한 실수 248

Q15 금은방 주인의 증언 252

Q16 사라진 용의자 256

Q17 여왕의 편지 260

Q18 도심의 총성 263

Q19 쌍둥이 동생의 죽음 268

Q20 403호 살인 사건의 전말 274

이현석 경위(28세)

경찰대학을 졸업하고 형사과에 처음 배정받은 신참.
어리바리해 보이는 인상이지만
경찰대학을 차석 졸업한 재원.

노영욱 경감(42세)

뛰어난 실력으로 동기들 중에 가장 먼저 경감이 되었지만,
휘어지느니 부러져버리는 대쪽 같은 성격 탓에
더 이상 승진이 어려울 것이라는 얘기를 듣는
강력계 형사 14년 차.

Lesson 1

L e t ' s * f i n d * a * c l u e

피해자와 가해자의 주손을 파악하라

의심의 시작

영화에서 살해된 시신의 상처를
좀 길게 보여준다 싶을 때,
용의자의 손목시계를 비춰주거나,
초인종을 누르거나 밥을 먹는 장면 등
손을 사용하는 일상 행위를
반복적으로 보여줄 때,
감독은 당신에게 범인의 주손을
주목하라 말하고 있다.

마리 퀴리와
베토벤의 공통점은?

마리 퀴리, 안데르센, 미켈란젤로, 뉴턴, 베토벤의 공통점은 무엇일까? 바로 그들이 모두 왼손잡이라는 것이다. 미국이나 캐나다의 경우 전체 인구의 13% 정도가 왼손잡이라고 한다. 우리나라의 왼손잡이 비율은 6%가 채 되지 않는다. 또한 왼손잡이가 똑똑하다는 설이 있는데, 사실 멘사 코리아에 등록된 IQ 148 이상인 회원들 중에 왼손잡이는 4%에 불과하다고 한다.

수많은 스릴러 영화와 소설에 등장하는 가장 기본적인 소재 중 하나는 범인이 주로 쓰는 손이 오른손인가, 혹은 왼손인가 하는 것이다.

〈셜록〉과 같은 인기 드라마부터 〈명탐정 코난〉과 같은 애니메이션까지 추리 장르에서는 주로 사용하는 손, 즉 '주손'에 관한 문제가 자주 등장한다. 주손을 파악하는 것은 추리에 대한 기본을 알아보는 기초적인 테스트 문제로도 종종 활용된다. 2014년에 방영된 MBC 예능 프로그램 〈무한도전-탐정 특집〉에서 범인이 왼손잡이인 것을 알아낸 출연자 노홍철이 당시 프로파일러로 활동하던 표창원 씨에게 큰 칭찬을 받기도 했다. 2016년 tvN에서 인기리에 방송된 〈시그널〉에서도 주손에 관한 문제가 등장한다. 범인이 왼손잡이인데 주인공이 공소시효 만료 직전 검거된 용의자의 손을 보고 그녀가 왼손잡이가 아닌 것을 알아채는 장면이 나온다. 결과적으로 범인이 판 함정에 빠진 것이다.

추리물에서든 현실에서든, 왼손잡

이는 오른손잡이보다 희소하기 때문에 범인이 왼손잡이로 파악되면 용의자를 좁히는 데 큰 도움이 된다. 그런데 주손에 대한 트릭이 워낙 많이 알려져 있다 보니 추리 작가들은 주손에 대한 설정을 사용할 때 신중해질 수밖에 없다. 오른손잡이가 왼손으로 범행을 한다거나, 왼손잡이가 오른손잡이인 척 현장을 조작하는 설정은 흔하디흔한 경우가 되었다. 눈에 띄는 주손 관련 추리는 베스트셀러 작가인 히가시노 게이고의 《둘 중 누군가 그녀를 죽였다》라는 소설에 등장한다. 이 소설에서는 용의선상에 오른 인물 중 한 명이 좀처럼 알아차리기 힘든 부분에서 주손에 대한 힌트를 흘린다. 이 트릭은 인터넷상에서 해설이 오고갈 정도로 끝까지 알아차리지 못하는 사람이 많았다.

그렇다면 과연 주손은 어떻게 파악해야 하는 걸까? 일반인들이 실제 사건에서 용의자의 주손을 파악할 일은 없을 테니, 추리소설이나 영화에 자주 등장하는 주손 문제와 이를 알아채는 법을 살펴보자.

주손을
알아채는 법

　추리의 기본은 관찰이다. 범인으로 추정되는 누군가의 수상한 움직임이 시작된다 싶으면 그가 어느 손을 쓰는지 집중해서 관찰하는 것이 이후 이야기를 제대로 즐기는 데 도움이 된다. 한발 더 나아가, 등장하는 각 인물의 주손을 모조리 파악하고, 누군가 의도적으로 주손이 아닌 손을 쓰려고 하지는 않는지까지 주의 깊게 관찰한다면, 함께 영화를 보는 어느 누구보다 빨리 범인을 잡아낼 수 있을 것이다.

　누구보다 빨리 주손을 알아차리고 싶다면 다음의 관찰 포인트를 기억해두자.

외형 관찰

"아! 그 사람은 손목시계를 오른쪽 팔목에 하고 있었어요!", "잘 생각해보니, 그 사람 행동이 뭔가 어색했어요. 식사를 할 때 분명히 포크를 오른손에, 나이프는 왼손에 들고 있었는데, 시계는 왼팔에 하고 있더라고요."

이런 식의 대사는 드라마, 애니메이션, 영화를 가리지 않고 우리가 즐겨 보는 추리물 여기저기에 등장한다. 왼쪽 팔목에 손목시계를 착용하는 오른손잡이와 달리, 왼손잡이는 오른쪽 팔목에 손목시계를 착용한다. 일례로, 우리나라의 대표 스릴러 드라마 작가라 할 수 있는 김은희 작가가 집필한 드라마 〈싸인〉에서 범인이 왼손잡이임을 암시하는 단서로, 피해자가 오른손으로 둔기를 막았던 흔적과 우연히 마주친 용의자의 오른쪽 손목에 채워진 시계가 제시된다. 하지만 대개 이런 단서는 빠르게 지나가기 때문에 의외로 놓치는 경우가 많다. 지나고 나서 목격자가 얘기를 하면 그제야 무릎을 탁 치게 되는 것이다.

그런데 만약 용의자가 평소 액세서리를 주렁주렁 겹쳐서 하는 사람이라면? 손목시계 외에도 다른 손목에 팔찌를 몇 개씩 겹쳐서 하는 사람이라면? 이 경우 손목시계의 위치는 주손을 파악하는 절대 기준이 될 수 없다.

사소하지만 결정적인 주손의 단서 중 하나로 펜 자국을 들 수 있다. 사무직이나 교사 등 펜을 장시간 사용하는 사람들의 경우 펜 자국이 손에 남기 마련인데, 당연히 왼손잡이는 왼손에 자국이 남는다. 더불어, 펜을 오래 쥔 사람들에게 생기는 중지의 굳은살이라든가 기타를 치는 사람의 굳은살도 주손을 파악하는 단서가 될 수 있다.

한 가지 더 덧붙이자면, 양 팔뚝의 굵기 차이도 단서가 될 수 있다. 오른손잡이는 아무래도 오른쪽 팔뚝이 좀 더 굵다.

행동 관찰

그 사람의 행동을 관찰하면 주손에 대한 결정적 단서를 잡을 수 있다. 오른손잡이인 척 행동하는 왼손잡이 용의자가 보이는 사소한 행동, 즉 왼손으로 물컵을 든다거나, 돈을 센다거나, 갑자기 떨어지는 물건을 왼손으로 잡는 등의 행동은 용의자의 주손을 파악하는 데 결정적 역할을 한다.

왼손잡이가 오른손잡이인 척 휘두른 흉기는 상처의 모양이나 깊이에서도 차이가 있을 수 있다. 주손이 아닌 손은 상대적으로 완력이 떨어지기 때문에 용의자의 실제 체구나 힘보다 얕은 상처가 남을 가능성이 큰 것이다.

이런 이유로 용의자의 행동과 그 행동이 남긴 흔적은 주손을 파악할 수 있는 핵심 단서가 되고, 범인을 특정함에 있어 매우 중요한 요소로 작용한다.

장소 관찰

용의자가 평소 사용하던 사무실을 관찰할 수 있다면, 키보드와 마우스의 위치, 전화기와 메모지의 위치도 주손을 알아내는 기본적 단서가 된다. 혹은 용의자의 집을 관찰한다면, 선반에 물건을 놓을 때 어느 쪽에 깨지기 쉬운 것들을 놓는지도 하나의 주손 파악법이 될 수 있다.

가령, 깨지기 쉬운 물건을 주방 수납장 왼쪽에 많이 놓아둔 사람이라면, 어느 손이 주손일까? 이 문제는 수납장의 모양에 따라 답이 달라진다. 만약 문이 없는 선반이라면, 왼손잡이는 주로 왼쪽에 깨지기 쉬운 물건을 놓는다. 자신이 좀 더 통제하기 좋은 손의 방향에 깨지기 쉬운 물건을 두는 것이 안전할 테니까 말이다. 그런데 양쪽으로 문이 열리는 수납장이라면? 주로 사용하는 손으로 물건을 쥘 테고, 반대쪽 손으로 문을 열 가능성이 높다. 그러니 왼쪽 수납장 문을 왼손으로 열고 오른손에 든 물건을 왼쪽 선반에 올리는 것이 자연스럽다. 따라서 양문형 수납장의 경우에는 오른손잡이가 수납장 왼쪽에 깨지기 쉬운 물건을 놓을 가능성이 높다.

깨지기 쉬운 물건뿐만 아니라 자신이 자주 사용하는 물건도 주손에 따라 주로 놓이는 장소와 위치가 달라지니 참고하도록 하자.

소~름! 당신의 주손은 주손이 아닐지도 모른다!

하지만 지금까지 알아본 주손에 대한 정리는 어디까지나 '일반적인 경우'이다. 우리 주변에는 양손잡이거나, 자신이 오른손잡이인 줄 알 았는데 알고 보니 '교정된 오른손잡이'로 원래는 왼손잡이인 경우도 있다.

필자의 주변 지인 중 한 명은 스무 살이 넘어서야 자신이 왼손잡이 성향이 높은 사람인 걸 알았다고 한다. 대학 시절 종강 파티에서 과대 표가 건배를 제의했는데, 동석한 지도교수가 그녀에게 술잔을 내려놓 으라고 하더니 갑자기 지폐 몇 장을 건네더란다. 그녀는 얼떨결에 지 폐를 셌는데, 교수가 갑자기 "너 왼손잡이였어? 아까는 술잔을 왼손으 로 들더니, 돈도 왼손으로 세네."라고 하더란다. 하지만 그녀는 아니라 고, 자신은 오른손잡이라고 답했다. 그 말에 지도교수는 "넌 남이 어 느 손으로 해야 하는지를 가르쳐준 것만 오른손으로 하는, 교정된 오 른손잡이야."라고 했다. 20년 넘게 본인이 오른손잡이라는 걸 의심해 본 적이 없었던 그녀는 그 다음날부터 스스로의 행동을 들여다보았 다. 그제야 커피를 젓고, 스테이플러를 누르고, 설거지할 때 수세미를 드는 것과 같은, 누군가가 어느 손으로 해야 하는지를 알려준 적이 없 는 대부분의 것들을 왼손으로 하고 있다는 것을 알게 되었다.

이 책을 읽는 당신도 혹시 자신도 모르게 교정된 오른손잡이는 아 닐까? 그렇다면, 만약 당신이 누군가에게 상해를 입힐 때 당신의 왼손 이 먼저 움직일까 아니면 오른손이 먼저 움직일까?

양손잡이와 교정된 오른손잡이, 또는 매우 드물겠지만 교정된 왼손잡이까지 고려해야 한다는 점에서, 주손은 사건을 해결하는 핵심이라기보다 해결의 시작을 알리는 작은 힌트일지 모른다. 어디까지나 왼손잡이는 왼손을 주로 사용하는 사람이지, 왼손만 사용하는 사람은 아니기 때문이다.

추리 문제에 등장하는
주손 트릭

추리 문제의 유형 중 어떤 문제들이 주로 사용하는 손, 주손을 근거로 풀어야 하는 문제들일까? 대표적인 몇 가지만 살펴보자.

상처에 주목하라!

문제의 단서 중 상처의 부위, 모양, 방향을 밝힌 부분이 있다면 주손 문제일 가능성이 높다. 오른손으로 칼을 휘두를 때와 왼손으로 휘두를 때, 공격하는 부위와 상처의 방향은 당연히 달라진다. 이 경우 피가 튄 방향에도 차이를 보인다. 가령 왼손에 칼을 들고 상대를 공격한다면, 일반적으로 가해자는 자신이 보는 방향에서 오른쪽에서 왼쪽 방향으로 흉기를 휘두르게 된다. 이때에는 피해자의 몸 왼쪽에서 오른쪽으로 상흔이 생긴다. 하지만 단검으로 내리찍듯 공격한다면 양상은 또 달라질 수 있다. 피가 튄 방향도 눈여겨봐야 한다. 힘을 가한 방향으로 피가 튀기 때문이다.

사물이 뒤섞인 방

범인이 생활하던 방을 보여주면서 범인의 특징을 알아낼 때, 그의 주손이 어느 쪽인지를 알아내는 문제는 추리 초심자용으로 자주 등장한다. 주로 사용하는 물건의 위치와 다른 물건의 위치를 섞어서 혼돈을 주는 방식인데, 가령 방 전체가 주손을 가늠하기 어려울 만큼 온갖 물건이 뒤엉켜 무질서한 가운데 컴퓨터 마우스가 왼쪽에 있다거나, 마우스는 오른쪽에 있는데 메모지와 펜은 왼쪽에 있다거나 하는 식이다. 이런 현장의 모습이 등장한다면 집중하여 관찰하는 것이 좋다.

누명 씌우기

범인이 의심받을 만한 다른 사람에게 누명을 씌울 때, 그 상대가 오른손잡이인지 왼손잡이인지를 몰라 잘못된 증거를 남기는 문제도 그리 어렵지 않게 볼 수 있다. 자신이 오른손잡이다 보니 피해자가 왼손잡이임을 간과하고 오른손잡이가 했을 법한 자살의 흔적을 남겨놓는

다거나, 왼손잡이인 피해자의 지인에게 누명을 씌우기 위해 오른손잡이인 범인이 왼손잡이가 범행을 저지른 듯한 흔적을 남기다가 그 흔적이 어설프다 보니 발각이 되는 식이다. 애니메이션 〈명탐정 코난〉 시리즈 10기에서 범인이 왼손으로 흉기를 창밖으로 던졌다는 목격자의 증언을 근거로 해서 왼손잡이 용의자들을 용의선상에 올렸는데 알고 보니 목격자가 본 건 거울에 비친 모습이었다는 내용이 나온다. 거울은 왼손잡이와 오른손잡이에 혼선을 주는 장치로 곧잘 등장한다.

2017년 3월 어느 날, 서울의 한 가정집에서 살인 사건이 발생했다. 해당 사건을 맡게 된 지능범죄수사 3팀은 신고를 받자마자 바로 현장으로 향했다.

신입 형사인 이현석 경위는 지능 3팀 발령과 동시에 사건 현장에 투입되어 모든 상황이 어리둥절했다. 사건이 벌어진 주택의 입구에는 폴리스 라인이 설치되어 있었고, 관할 지구대에서 나온 순경들이 현장을 지키고 있었다. 피해자 김 모 씨가 살해된 곳은 1층 안쪽에 있는 서재. 현장에 들어서자마자 팀장인 노영욱 경감의 지시가 이어졌다.

"박 경장과 서 경장은 목격자들 진술 받아내고, 고 순경과 한 경위는 주택 바깥쪽 한번 돌아보고 목격자와 CCTV 있는지 확인해 봐. 류 경감은 집 안쪽에 다른 단서들이 있는지 살펴봐주시고."

얼치기 신참 티를 내며 서 있던 이 경위의 귀에 노 경감의 목

소리가 날아와 꽂혔다.

"뭐 해, 서재로 이동하지 않고."

피해자의 시신은 이미 운구되었고, 시신이 있던 자리에는 쓰러진 모습 그대로 하얀 선이 그려져 있었다. 노 경감은 미간을 찌푸린 채 방 안을 둘러보았다. 이 경위도 그의 뒤를 따르며 방 이곳저곳을 살폈다.

4평 남짓한 서재는 문과 창문이 서로 마주보고 나 있다. 창문의 방향은 12시 방향. 창문은 잠겨 있다.

창을 마주보고 놓여 있는 책상에는 유리가 깔려 있고, 가운데에는 노트북, 오른쪽에는 조그마한 화분 하나, 왼쪽에는 법전 몇 권이 놓여 있다.

노트북 뒤의 왼쪽 모서리 쪽으로는 연필꽂이가 있는데, 자리에 앉은 채로 손을 뻗으면 쉽게 닿을 만한 거리다. 연필꽂이에는 고급스러운 펜 몇 자루와 사무용 가위가 꽂혀 있다. 펜과 가위는 모두 왼쪽으로 기울어져 있다.

서랍은 책상 오른쪽 아래에 있는데, 서랍 두 번째 칸에 서류가 한 부 있다. 그 서류는 대형 로펌의 로고가 찍힌 근로계약서로, 근로계약은 2020년 3월까지, 피해자가 계약 당사자로 되어 있다.

책상 양옆으로는 책장이 하나씩 있는데, 왼쪽 책장에는 법 관련 책들이, 오른쪽 책장에는 경제경영서와 철학 관련 책들이 꽂혀 있다. 왼쪽 책장에는 드문드문 빈자리가 보였는데, 아무래도 책상 위에 놓여 있는 법전의 원래 자리인 듯하다.

왼쪽 벽에는 옷걸이가 있고, 법원에서나 입을 법한 가운이 걸려 있다.

이 경위는 피해자의 사체를 수습하기 전 찍은 사진을 확인해 보았다. 바닥에 엎드린 자세였다. 감식반은 복부 자상으로 인한 과다출혈로 사망한 것으로 추정된다고 했다. 피해자의 셔츠는 피로 물든 것을 넘어 피가 뚝뚝 흐를 지경이었다. 오른쪽 팔꿈치 아래에 또다른 자상이 있었지만, 오른손바닥에는 피가 거의 묻어 있지 않았다. 반면 왼손바닥에는 피가 많이 묻어 있었다.

정신없이 현장을 살피는 이 경위를 향해 노 경감의 질문이 갑자기 날아들었다.

"어이, 신참. 피해자 주손은 파악했나?"

Quiz2

신입 이 경위의 수사 ②
가해자의 주손

피해자의 주손을 파악한 이 경위에게 노 경감이 재차 물었다.

"5분 더 주지. 가해자의 주손도 파악해."

이 경위는 가해자에 대한 단서를 찾으려고 둘러보기 시작했다. 방 안을 찬찬히 살펴봤지만 범인은 별다른 흔적을 남기지 않은 듯했다. 흉기도 발견되지 않았고, 감식반의 얘기로는 지문도 남아 있지 않다고 했다.

"자, 5분 지났어. 가해자의 주손을 짐작할 만한 증거가 이렇게 확실한데, 아직 짐작이 안 가나?"

과연 가해자의 주손은 어느 쪽이었을까?

녹음기의 비밀

지능 3팀의 일원이 된 후 밀려드는 사건들에 정신이 없는 이 경위는 오늘도 현장에 급파되었다. 사건이 일어난 곳은 지역에서 규모가 크기로 유명한 한 호텔의 VIP 룸. 권총 자살 사건이었다.

피해자는 머리에 총상을 입었고, 왼손에 권총을 쥔 채 책상에 엎드려 있는 모습이었다. 컴퓨터는 켜져 있고 포털 사이트에 접속되어 있었다. 책상 위에는 녹음기가 있었다. 녹음기에는 아무런 지문도 남아 있지 않았다. 혹시 어떤 증거가 남아 있을까 하여 녹음기를 재생하니 다음과 같은 목소리가 흘러나왔다.

"이제 나에게는 살아야 할 희망이 없다. 내가 갖고 있는 모든 걸 잃었기에, 나는 이러한 결정을 내린다."

허스키한 남자 목소리가 흘러나온 뒤 곧이어 '탕' 하는 총성이 들렸다. 더 이상 녹음된 것은 없었다. 사건 현장에 먼저 와 있던 노 경감은 녹음된 내용을 들은 뒤 말했다.

"이 사건은 자살이 아니니 피해자의 주변 인물부터 수사를 해보자고."

노 경감이 타살을 확신한 이유는 무엇일까?

Q1

책상 위에 놓인 법전과 연필꽂이의 위치가 왼손이 닿기 더 편하게 놓여 있다. 또한 연필꽂이에 꽂혀 있는 문구들도 앉은 사람을 기준으로 왼쪽으로 기울어져 있다는 점에 주목하자. 결정적으로 그림 속에 무선 마우스가 왼쪽에 있다. 따라서 피해자는 왼손잡이일 가능성이 크다.

그렇다고 해서 왼손잡이라고 단정해버려서는 곤란하다. 왼손을 쓰기가 편할 뿐이지, 왼손도 쓸 수 있는 양손잡이일 가능성도 있기 때문이다.

Q2

가해자 또한 왼손잡이일 가능성이 크다.

첫 번째 문제를 다시 살펴보자. 피해자는 오른쪽 팔꿈치 아래에 자상을 입었다. 가해자가 왼손으로 흉기를 휘두를 경우 피해자는 오른팔로 공격을 막게 된다.

물론, 가해자가 양손잡이일 가능성이 남아 있으니, 진짜 수사라면 왼손잡이, 양손잡이 모두를 경우의 수에 넣고 조사해야 할 것이다.

Q3

사건 현장을 한번 보자.

피해자가 컴퓨터를 사용한 흔적이 있고, 마우스는 오른쪽에 있다. 그런데 권총은 왼손에 쥐어져 있었다. 여기서 문제가 발생한다. 마우스의 위치는 오른손이 주손이라고 말하는데, 권총은 왼손에 쥐고 있는 것이다. 의심스러운 부분이 아닐 수 없다.

녹음기에 지문이 남아 있고 그것이 왼손과 오른손 중 어느 쪽 지문인지 파악이 된다면 사건 해결이 좀 더 쉽겠지만, 지문은 남아 있지 않다고 했다. 피해자가 장갑을 끼고 있지도 않은데 녹음기에 지문이 없다는 것도 조작의 냄새를 풍긴다. 만약 자살이라면 피해자가 죽은 뒤 녹음기에 손을 댈 수 있는 사람은 없어야 한다. 그런데 총성이 울린 후 바깥의 소음 등 더 이상 녹음된 소리가 없었다는 건 누군가 녹음기를 멈춘 사람이 있다는 것이다. 심지어 녹음기를 재생하자마자 녹음된 목소리가 처음부터 나왔다는 건 녹음한 파일을 누군가 맨 앞으로 되돌려놓았다는 증거일 수도 있다.

이러한 이유로, 누군가 피해자를 협박하여 유언을 남기게 하고 살해한 뒤 자살로 위장했을 거라는 짐작이 가능하다.

Lesson 2

Let's find a clue

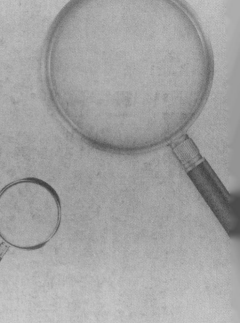

홈즈의
추리비밀은
스누핑이다

의심의 시작

영화에서 카메라가 사건 현장의 모습을
구석구석 샅샅이 훑어가며 비출 때,
소설에서 사건과 관련있는
사람이 생활하는 장소를
자세하게 묘사하는 내용이 나올 때,
또 사건과 관련성이 모호한 어떤 사람의
옷차림과 외모, 걸음걸이 등에서
카메라가 멈출 때,
당신은 스누핑을 시작해야 한다.

셜록 홈즈는
초능력자가 아니다

새로 입사한 신입사원이 사무실에 들어선다. 명품 양복을 멋들어지게 차려입은 모양새다. '저 친구는 집에 돈이 많나?' '안경테는 브랜드 제품이 아니군. 부모님이 입사 선물로 큰맘 먹고 명품 양복을 사준 건가?' 신입사원을 본 몇몇 직원들은 어쩌면 이런 식으로 상상하고 추리할지도 모르겠다. 이것이 바로 스누핑(snooping)이다.

스누핑이란 어떤 사람이나 특정 공간 주변에 있는 단서를 바탕으로 추리하여 그 사람이나 공간, 상황의 특징을 읽어내는 것을 뜻한다. 스누핑은 얼핏 보기에는 프로파일링과 흡사하지만 그보다는 훨씬 가벼운 개념으로, 범죄와 상관없이 짧은 시간에 파편적인 정보들을 취합하여 더 많은 것들을 해석하는 데 유용하다. 스누핑은 추리를 떠나 실은 우리가 일상적으로 하고 있는 행위이다. 소개팅에서 만난 사람의 옷이 무릎 뒷부분이나 등 쪽이 많이 구겨져 있는 걸 보고 소개팅 장소와 먼 곳에 살아서 장시간 운전을 하고 온 것이라 짐작하는 것, 소개팅 상대가 자신도 금방 왔다고 말했지만 테이블 위에 놓인 아이스 아메리카노가 담긴 유리잔에 얼음이 거의 없고 잔 아래에 물이 흥건한 걸 보고 실은 한참 전에 와서 기다리고 있었을 것이라고 알아채는 것 역시 스누핑이다.

스누핑의 대명사라고 할 수 있는 '셜록 홈즈'는 《네 개의 서명》에서 그의 조수격인 '왓슨'이 가진 시계를 보고 그 시계는 사실 그의 형의 것이었으며, 형은 아버지에게서 물려받았을 것이라고 짐작한다. 나아가 왓슨의 형이 재정 상태가 들쑥날쑥했다는 것은 물론, 알코올 중독 증세를 가지고 있었다는 것까지 추리해낸다. 왓슨은 홈즈에게 자신을 뒷조사해놓고 마치 지금 추리한 것처럼 말하는 것이 아니냐며 몹시 화를 낸다. 하지만 홈즈는 뒷조사를 한 것도, 초능력을 부린 것도 아니었다. 다만 엄청난 관찰력으로 알아낸 정보들을 이용하여 스누핑했을 뿐이다.

드라마 〈시그널〉에도 스누핑이 등장한다. 드라마 첫 회에 배우 이제훈이 연기한 '박해영'은 연예부 기자에게 연예인의 스캔들 정보를 팔기 위해 쓰레기통을 뒤지고 스케줄을 파악하여 스캔들을 추리한다. 또한 스캔들의 주인공인 연예인이 자신의 집에 본인 사진이 담긴 커다란 액자를 걸어두었다며, 이 경우 자존심이 강하고 자기애가 넘치는 사람이라는 이야기도 하는데, 이 역시 스누핑과 심리학이 더해진 분석이다.

무엇을 보고,
무엇을 알아채야 하는가?

스누핑의 유용함에 대해서는 충분히 이야기를 했으니, 스누핑을 할때 무엇을 살펴야 하는지, 어떤 것들을 짐작할 수 있는지 크게 두 가지로 나누어 살펴보자.

사물과 공간에 집중하라

우리가 머물고 있는 공간, 그 안의 소지품들은 내가 어떤 사람으로보이고 싶어 하는지, 실제로 어떤 사람인지를 드러낸다. 잠시 당신의공간에 있는 물건들을 둘러보자. 어떤 물건들이, 어떤 분위기로, 어떤 의미로 그 자리에 놓여 있는가?

평소 덤벙대는 성격의 사람이라면 커피를 담아놓은 병이나 양념통의 뚜껑이 아귀가 정확하게 맞물리지 않은 채 무신경하게 방치되어 있을 수 있다. 단순히 어디에 무엇이 있는지를 넘어, 어떤 상태로 어떻게 놓여 있는지는 그 사람의 행동 양식, 행동 반경, 성격까지 짐작하게 하는 중요한 단서이다.

누군가의 방은 한쪽 벽 가득히 피규어와 프라모델 혹은 인형이 즐비할 수도 있다. 집에서 가장 큰 공간에 드레스룸을 꾸며놓았다거나, 소박한 집인데 냉장고 안에는 비싼 식재료가 가득하다거나 하는 특이점들은 그 사람을 이해하는 데 큰 역할을 한다. 피규어를 모으는 사람이 잠적했는데, 고급 식재료를 파는 마트에 가서 아무리 기다려봐야 만날 수 없을 것이다. 같은 이유로 바비인형 컬렉터에 대한 주변의 평가를 인근 옷가게에 가서 물어봐야 별 성과가 없을 것이다.

한발 더 나아가, 그 물건들을 정리한 방식도 주목해야 한다. 한 치의 오차도 없이 자음모음 순으로 정리한 책장, 색깔별로 분류하여 정리한 옷장, 대칭을 이루는 진열 방식은 강박 장애가 있는 사람에게서 흔하게 볼 수 있다. 쓰레기와 다를 바 없는 물건들이 베란다에 잔뜩 쌓여 있다면 저장강박증을 의심할 만하다. 화장실, 방과 같은 공간 구분을 넘어 가구나 소품들에도 라벨이 붙어 있다면 집에 치매 환자가 살고 있을 거라는 짐작이 가능하다.

사물과 공간을 파악하는 것은 그 사람의 성격, 취미, 정서 상태, 동선, 주로 만나는 사람, 동거인과의 관계까지 시사한다. 그래서 스누핑에 있어 꼼꼼한 관찰과 논리적인 유추가 중요하다.

사소해 보이지만 중요한 단서들

가출소녀가 있다. 부모에게 어떤 메시지도 없이 사라졌다. 어떻게 해야 할까? 우선 친구들을 수소문하고, 최근 인터넷 검색 기록, 통화 내역을 뒤질 것이다. 노트에 남긴 사소한 낙서도 단서가 될 수 있다. 인터넷으로 특정 지역 아르바이트 정보를 찾은 흔적이 있다면 이는 결정적 단서가 된다.

동거남에게 살해된 것으로 추정되는 여성이 있다. 주변 탐문을 통해 평소 그 집에서 다투는 소리가 들렸는지, 두 사람의 사이가 어때 보였는지를 묻는 것도 중요하겠지만, 집 안에 남아 있을지도 모를 단서들을 가볍게 넘겨서는 안 된다. 모서리가 깨진 테이블, 뭔가 단단한 걸로 찧은 듯한 방바닥, 깨끗하게 세탁하여 옷장에 걸려 있지만 자세히 보면 남아 있는 피해자 블라우스의 어쩌면 핏자국일지도 모를 얼룩, 이런 것들이야말로 결정적 단서일 수 있다.

스누핑의 고수가
되고 싶다면?

　스누핑은 거창한 것이 아니다. 가령, 영수증 한 장도 큰 단서가 될 수 있다. 당신이 아무 생각 없이 사무실 책상 위에 올려둔 영수증을 우연히 본 직장 동료가 "어제 몸이 안 좋아서 출근을 못 하겠다더니, 패밀리 레스토랑에서 런치 메뉴를 먹고 있었군." 하고 말한다면? 상상만 해도 오싹하다. 하지만 스누핑은 일상적 요소로 유추해내는 것이고, 우리가 발견할 수 있는 단서도 제한적이라 조심스럽게 해석하고 접근해야 한다. 스누핑을 통해 성급한 일반화를 할 경우 걷잡을 수 없는 오류를 저지를 수도 있다는 것을 잘 보여준 영화가 있다. 2015년에 개봉한 〈특종: 량첸 살인기〉에서는 범죄 추리물 연극에 출연하는 배우의 방을 살인 용의자의 방으로 착각하여 특종 기사를 터트렸다가, 감당할 수 없는 사건 전개로 난감한 상황에 빠지는 기자의 이야기가 나온다. 스누핑은 가볍게 상황을 파악하는 용도로 사용해야 한다는 걸 보여주는 좋은 예다.

사실 사람, 상황, 공간은 얼마든지 조작이 가능하다. 타인이 볼 수 있는 공간이라면 주변 사람들에게 자신이 '어떠한 사람'으로 보이기 위해 트릭들을 설치할 가능성이 높다. 또한 반드시 무언가를 숨기거나 속이려는 것이 아니라, 단순히 자신의 특징을 더 강조하거나 감추려는 행동이 녹아 있을 수도 있다. 외도를 하면서 휴대폰 통화 목록을 지우고, 내비게이션 최근 목적지를 리셋하면서 상대를 속이는 드라마 속 설정은 식상할 정도로 흔하다. 무수히 많은 영화나 실제 사건에서도 범인이 의도한 조작된 상황 때문에 사건이 미궁에 빠지는 경우는 차고 넘친다.

그러니 스누핑의 결과를 맹목적으로 믿어서는 안된다. 스누핑은 더 깊은 추리를 하기 위한, 그러니까 사건에 발을 내딛는 시작일 뿐 해결법은 아니라는 것을 잊어서는 안 된다. 스누핑은 수학처럼 공식이 있는 것이 아니다. 끝없는 노력, 철저한 관찰, 무수한 추리만이 스누핑의 정확도를 높일 수 있다.

마지막 샤워

이현서 경위는 오늘도 사건 현장에 급파되었다. 노영욱 경감
은 이미 도착하여 현장을 둘러보고 있었다.

"빨리빨리 안 다녀? 이렇게 늦게 사건 현장에 도착하는 건 무슨
배짱이야!"

노 경감의 날선 목소리가 날아온다.
시신은 이미 수습되어 있었다. 현장에 있었던 감식반의 이야
기로는, 남자는 알몸이었고, 손목에 자해한 흔적이 있었으며,
샤워기가 바닥에 뒹굴고 있었고, 물은 계속 틀어진 채였다고
한다. 욕실 앞에는 '먼저 떠나서 미안하다. 더 이상 버틸 수가
없다.'는 내용의 유서가 놓여 있었고, 이로 인해 자살로 추정된
다는 것이다. 욕실 앞에는 남자가 벗어놓은 옷가지가 있었는데,
감식을 위해 옮겨졌다고 했다. 이 경위는 감식반으로부터 시신
이 놓여 있던 당시 현장 사진을 건네받았다.

"자네도 이 사진이 자살 현장이라고 생각하나? 타살이라는 증거
가 이렇게 명백한데?"

유서까지 있는 현장에서 노 경감이 타살이라고 추정한 단서
는 무엇일까?

Quiz 2

용의자의 방

"이 경위 자네, 스누핑에 아주 능하다지? 경찰대에서부터 유명했
다던데."

"아, 네, 뭐……"

이 경위의 대답이 끝나기도 전에 노 경감은 이 경위의 책상
위로 사진 한 장을 던지듯 건넸다.

"어제 벌어진 한남동 살인 사건 용의자 방 사진이야. 최대한 스
누핑 철저히 해서 정리해 오도록 해."

이 경위는 긴장하며 사진을 뚫어지게 바라보았다. 잔뜩 어질
러져 있는 방 사진을 보며 방 주인에 대한 단서를 하나씩 스누
핑해나가기 시작했다.

Lesson 2. 홈즈의 추리비밀은 스누핑이다

사진 속 방은 그다지 크지 않은, 아니, 혼자 쓰기에도 조금은 좁아 보이는 방이다. 그 좁은 방 안에 퀸 사이즈 침대가 놓여 있어 방을 더 좁아 보이게 했다. 낡은 침대 위에는 지저분해 보이는 이불과 옷가지가 뒤섞여 있다.

창문은 굳게 닫힌 채 암막 커튼이 두 겹으로 드리워져 있다.

책상 위에는 컴퓨터가 켜져 있고, 게임 CD 여러 장이 흩어져 있다. 최근에 나온 CD도 상당수이고, 대부분 혼자 하는 종류의 게임이다. 오른쪽에는 마우스와 커다란 물통이, 왼쪽에는 휴지 뭉치, 과자 부스러기, 일회용 컵이 쌓여 있다. 책상 옆에 열 개도 넘는 피자 박스가 쌓여 있다.

자그마한 책장에는 음모론이니 예언이니 하는 잡지가 빼곡하다. 추리소설과 범죄심리학 책도 보인다. 그 옆에 꽤 알아주는 사립 초등학교, 중학교, 고등학교, 그리고 같은 지역 국립 대학교의 졸업 앨범이 한데 꽂혀 있다.

달력은 두 달 전에 머물러 있고, 벽시계는 멈춰 있다.

사진 속 방의 주인에 대해 스누핑을 해보자.

Quiz 3
사흘 동안의 미스터리

 아파트 주민이 며칠째 보이지 않는다는 경비원의 신고가 들어왔다. 전날 밤을 새고 함께 기사식당에서 해장국을 먹던 노영욱 경감과 이현석 경위는 숟가락을 내던지고 현장으로 달려갔다.

 경비원의 말에 따르면 매일 아침 같은 시간에 출근을 하던 주민이 며칠째 모습을 보이지 않는다고 했다. 그 주민은 독신이라 며칠씩 집을 비울 일이 있으면 경비원에게 자신이 집을 비우니 혹시 문제가 있으면 연락을 달라고 부탁을 하곤 했단다. 그런데 이번에는 그런 말도 없이 며칠째 보이지 않아 걱정이 되어 신고를 한 것이다.

 벨을 누르고 전화를 걸어도 그 주민의 집 안에서는 아무런 기척이 없었다. 잠시 망설이던 노 경감은 열쇠공을 불렀다. 열쇠공은 요즘은 다들 번호키를 쓰는데, 이 집은 만능키로도 안 열리는 희한한 열쇠를 쓴다며 투덜대다가 결국 잠금장치를 모조리 떼어내버렸다.

문을 여는데, 문 안쪽에 무언가 밀리는 느낌이 들었다. 현관
에 들어서자, 사흘치 신문과 우유가 가지런히 쌓인 채 문 안쪽
에 밀려나 있었다. 노 경감은 쌓여 있는 신문 중 제일 아래에
있는 것을 빼들었다.

"오늘자 신문이군."

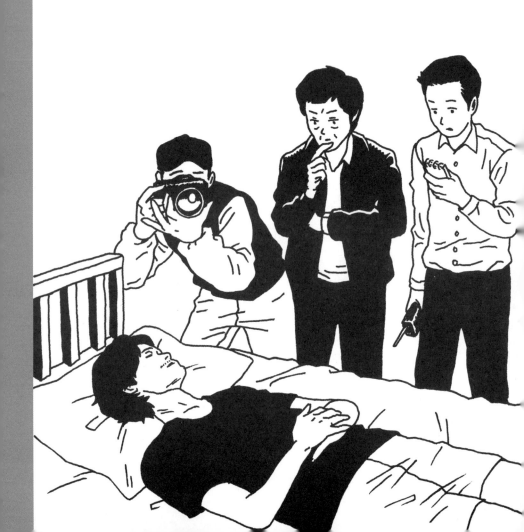

집 주인은 안방 침대 위에서 사망한 채로 발견되었다. 마치 곤히 잠든 듯한 모습이었고, 혈흔이나 외상은 보이지 않았다. 집에 별다른 외부 침입 흔적도 없었다.

"돌연사일까요? 자해한 흔적도 없고……."

이 경위의 말에 노 경감의 한숨 소리가 바로 이어졌다.

"하아, 자네 아직 멀었군. 경비원에게 오늘 새벽부터 우리가 도착하기 전까지 아파트를 빠져나간 사람이 누가 있는지 CCTV 모두 확보해서 넘겨달라고 해. 타살인지 자살인지, 돌연사인지는 아직 확신할 수 없지만 오늘 아침에 누군가 이 집을 빠져나간 건 분명하니까."

노 경감은 무슨 근거로 이렇게 말한 것일까?

Q1

욕실 문 앞에 쌓여 있는 남자의 옷.

스누핑의 기본인 관찰력이 요구되는 문제이다. 양말은 개인의 습관에 따라 벗는 순서가 달라질 수 있다. 하지만 샤워를 하기 위해 옷을 벗는다고 하면 겉옷을 먼저 벗고, 이후에 속옷을 벗는다. 그렇게 되면 옷더미 제일 아래에 겉옷이 위치하고, 제일 위에는 속옷이 위치하게 된다. 그러나 이 경위가 받은 현장 사진에는 방금 설명했던 것과는 반대로 옷이 쌓여 있다. 이는 곧 누군가가 남자를 살해한 다음 자살로 위장하기 위해 현장을 조작하는 과정에서 실수가 있었던 것이라는 추측이 가능하다.

무엇보다 자살을 결심한 사람이 옷을 다 벗고 샤워 도중에 자살을 실행했다는 것도 의심스러운 대목이다.

Q2

우선 굳게 닫힌 창문과 암막 커튼은 방 주인의 폐쇄성을 짐작하게 한다.

책상 위에 있는 게임 CD 중에는 최근에 나온 게임 CD도 여러 장 눈에 띈다고 했다. 게임 마니아라 해도 사실 정기적으로 출퇴근을 하는 사람이 여러 게임을, 그것도 최신 게임을 섭렵하기란 쉽지 않다. 그리고 혼자 하는 종류의 게임이라고 했다. 폐쇄적인 성향의 방 주인이 무직인 상태로 게임에 몰두하고 있었던 게 아닐까 하는 생각이 드는 대목이다.

지저분한 방 상태는 일상이 제대로 관리되지 않고 있음을 보여준다. 낡은 이불과 옷가지가 아무렇게나 뒤섞여 있다면, 개인의 위생 상태나 옷차림 등도 남루하고 지저분하지 않을까 짐작하게 한다.

방에 비해 지나치게 큰 침대로 보아, 집 주인의 체격이 상당히 커서 싱글 침대로는 부족하지 않았을까 추정된다. 마구잡이로 널려 있는 옷의 사이즈를 좀 더 관찰한다면 정확한 판단도 가능할 것이다.

음모론 관련 잡지가 있다는 건 음모론자 성향, 추리소설과 범죄심리학 책만이 집중적으로 꽂혀 있다는 것은 마니악한 취향을 짐작하게 한다.

졸업 앨범으로 미루어 보아 사립학교부터 국립대까지, 나름 지역 내에서 엘리트 코스로 학업을 마친 사람이었을 것으로 추정된다.

쌓여 있는 피자 박스로 보아 대부분의 식사를 배달 음식에 기대고 있는 것을 알 수 있다. 또한 두 달 전을 가리키고 있는 달력과 멈춰 있는 시계는 방 주인이 일상을 방치하고 있을 것이라는 짐작이 가능하다.

위의 단서들을 종합해볼 때, 방 주인은 엘리트 코스를 걸었으나 어떤 연유로 인해 사회와 단절하여 음모론과 컴퓨터 게임에 심취한 채 생활하고 있는 것으로 보인다. 거구에 지저분한 차림새, 개인 위생도 엉망일 것으로 짐작된다. 이런 상태의 사람이 단정하게 이발하고 손톱도 깔끔하게 깎았을 가능성이란 매우 희박할 것이기 때문이다. 생활 환경으로 미루어 짐작하건대 우울증과 같은 정신 병력도 의심이 가고, 가족이나 주변 사람들과 제대로 왕래하거나 소통하며 지낼 것 같지 않다. 음모론의 중심에 종교 문제가 있을 수 있다.

스누핑 문제의 핵심은 지문과 그림에 흩어져 있는 단서들을 얼마나 잘 활용해서 끼워 맞추느냐이다. 당신이 혹시 위의 해설과 다른 무언가를 추정했다면 그 역시 정답일 것이다.

Q3

노 경감이 신문을 빼들었을 때 오늘자 신문이 가장 아래에 있었다. 신문배달부가 신문을 배달 구멍으로 툭툭 던져 넣었을 텐데 신문과 우유가 가지런하고, 오늘자 신문이 제일 아래에 있다는 건 누군가가 정리했다는 결정적 증거이다. 누군가 집을 빠져나가면서 자신의 발에 걸려차일까 봐, 혹은 문을 열 때 거추장스러울까 봐 정리해놓는 과정에서 부주의하게도 오늘자 신문을 가장 아래에 둔 것이다.

스누핑을 좀 더 하자면, 잠겨 있는 현관문, 침입한 흔적이 없는 집, 얌전하게 침대에 누워 있는 피해자의 사체는 면식범이 집 주인과 함께 시간을 보내다 약물과 같은 외상이 크게 남지 않는 방법으로 살해한 후 침대에 옮겨두고 나가면서 밖에서 문을 잠근 것이 아닐까 하는 추정을 하게 한다. 범인이 집 주인의 열쇠를 빼내어 문을 잠그고 나갔을 가능성이 높다.

오늘 새벽의 CCTV를 봐야 하는 이유는, 사흘치 신문이 함께 정리되어 있다는 건 범인이 오늘자 신문이 도착한 이후 이 집을 빠져나갔다는 증거이기 때문이다.

Lesson 3
Let's * find * a * clue

알리바이가
확실한 사람일수록
의심하라

의심의 시작

여러 명의 용의자가 있다.

그들 각각에게는 분명한 알리바이가 있다.

가장 완벽한 알리바이를 대는 사람,

가장 범인답지 않은 사람,

가장 당황하거나 슬퍼하는 사람,

이 셋을 주목하라.

그가 바로 범인이다.

알리바이란?

"X월 X일 ○시, 피해자의 사망 추정 시간 당시에 당신은 무엇을 하고 있었죠?"

범죄를 다룬 영화나 드라마에서 형사들이 곧잘 내뱉는 이 대사는 알리바이를 묻는 질문이다. '사건 시각에 어디서 무엇을 하고 있었는지'를 알면, 용의자가 범인일 가능성이 있는지 혹은 용의선상에서 완전히 배제해도 될지를 판단할 수 있다. 2005년에 개봉한 윌 스미스 주연의 영화 〈Mr.히치-당신을 위한 데이트 코치〉에는 알리바이를 조작하기 위해 경찰서, 거리, 커피숍 등 여러 장소에서 현장의 소리를 녹음해두었다가 통화를 할 때 틀어 상대가 나의 위치를 다르게 알도록 하는 장면이 나온다. 이는 추리 문제에서도 곧잘 활용된다.

알리바이(Alibi)는 라틴어로 '현장 부재 증명'이란 뜻이다. 용의자가 범행이 일어났을 것으로 추정되는 시간에 범행 장소가 아닌 다른 장소에 있었다는 것을 증명하기만 하면 수사선상에서 제외된다. 그래서 용의자들은 가장 그럴싸한 알리바이를 대고 수사관은 이를 검증하는 데 총력을 기울인다.

알리바이를 조작하는 트릭은 크게 두 가지로 나눌 수 있다.

"저는 거기에 없었습니다."

하나는 사건 장소에 있었지만 있지 않았던 것처럼 꾸미는 트릭이다. 트릭을 이용하여 범행 장소가 아닌 다른 장소에 있었던 것처럼 꾸미면 사건 현장의 증거를 인멸하거나 다른 사람이 의심을 받도록 장치를 만들지 않아도 혐의에서 벗어날 수 있다. 하지만 수사관은 프로다. 조금의 의심이라도 생기는 부분이 있다면 들통나기 마련이므로 그리 성공률 높은 트릭은 아니다.

다른 하나는 사건이 일어난 시간에 현장에 머물지 않고, 제3의 장소에 있으면서 범행이 이루어지도록 하는 것이다. 범인이 현장을 떠난 후에야 독극물이 효능을 나타내도록 하는 식으로 시간차 공격이 가능한 범죄를 저지르는 경우이다. 이 경우 피해자는 범인이 아닌 다른 사람들과 같은 공간에 있는 상황에서 사망에 이르기 때문에 현장에 있던 사람들이 용의선상에 오르고, 정작 범인은 아무런 의심을 받지 않을 수 있다.

수많은 범죄물을 보면 가장 의심을 받지 않을, 알리바이가 확실한 사람이 범인인 경우가 많다. 실제 사건에서든, 추리 문제에서든, 가장 의심이 가지 않는 사람의 알리바이일수록 더 꼼꼼히 확인해야 하는 이유가 바로 여기에 있다.

알면서도 당하는
알리바이의 트릭

발자국 트릭

발자국을 이용한 트릭은 가장 흔하며 고전적인 트릭이다. 범행을 저지른 후 신발을 거꾸로 신거나 뒷걸음질로 사건 현장을 빠져나와, 들어간 발자국만 있고 나온 발자국은 없는 걸로 위장하여 교란시킨 다거나, 또는 남자 범인이 여자 하이힐을 신고 이동하여 범인의 성별을 헷갈리게 만드는 식이다. 비나 눈을 이용하여 발자국을 의도적으로 숨기거나 혹은 남기기도 한다. 눈이 쌓였을 때 현장에 진입하고 녹은 다음에 나옴으로써 발자국이 남지 않도록 하는 식이다. 하지만 기

70

상예보가 틀리면 낭패기 때문에 위험 부담이 큰 트릭이다.

녹음 트릭

범인이 피해자를 살인하고 나서 녹취해둔 피해자의 목소리를 제3자가 듣게 하여 피해자가 살아 있다고 믿게 하거나, 살해된 시간을 잘못 증언하도록 하는 수법이다.

한겨울의 산장, 어느 방에선가 비명소리가 들리고, 놀란 투숙객들이 모여든다. 그런데 비명소리가 들린 시점에 투숙객 모두 알리바이가 확실하다. 어찌 된 일일까? 실은 피해자는 진작 사망하였고 범인이 미리 녹음해둔 비명소리를 재생하여 방금 살해된 것처럼 조작한 것이다. 범인은 비명소리가 들린 그 타이밍에 역시나 놀란 모습으로 군중 속에 녹아들어 알리바이를 만든다. 또 하나, 늘 같은 시간에 전화하여 모닝콜을 해주는 사람이 있는데 미리 녹음해둔 모닝콜 목소리를 약속된 시간에 전화하여 들려주면, 그 목소리를 들은 사람은 피해자가 그 시간에 살아 있었다고 증언하게 된다. 실은 피해자가 이미 죽었거나, 전화를 하는 그 시간에 죽임을 당했는데도 말이다.

시간의 착각

낮잠을 자다 오후 6시쯤 깨서는 다음 날 새벽 6시인 줄 알고 소스라치게 놀란 적이 있지 않은가? 시간의 착각 트릭은 이와 같은 '헷갈림'

을 노린 것이다. 가령, 수면제로 어떤 사람을 잠들게 한 다음 눈앞의 시계를 조작해둔다. 나중에 잠이 덜 깬 채로 시계를 본 그 사람은 잘못된 시간을 인식하게 된다. 이 사람이 사건의 증인이 되도록 만들면, 수사관들은 혼선에 빠질 수밖에 없다.

자살 가장

자살로 보이지만 실은 타살을 자살로 위장시킨 트릭이다. 범죄물에 자주 이용되는 트릭이기도 하고, 실제 범죄 현장에서도 같은 이유로 혼선을 겪는 경우가 허다하다. 가령, 완벽하게 자살로 추정되는 현장이 있다고 하자. 그런데 희한하게도, 자살한 사람이 평소에 사용한 게 확실한 물건에 지문이 하나도 없다면? 범인이 증거 인멸을 위해 자신의 손길이 닿은 물건에 남은 지문을 닦는 과정에서 자신의 것만 닦을 수 없다 보니 피해자의 것까지 닦아버린 것이 아닐까 하는 의심을 해봐야 한다.

시간표 트릭

물리적으로 일정한 시간 안에 이동하기에 불가능한 거리에서 범행이 일어나는 경우, 또 사건 현장과 떨어져 있는 다른 장소에 알리바이를 만들어두고 예상치 못한 수단으로 사건 현장으로 이동하여 범행을 저지르는 경우 등이 대표적인 예이다. 가령, 걸어서 하산하면 1시간

이상 걸리는 설산을 10분 만에 스키로 활강하는 방법을 이용하여 알리바이를 조작한다거나, 사건 현장에서 멀리 떨어진 장소에 있었지만 자신만이 아는 샛길로 이동하여 범행을 저지르는 식이다. 녹음 트릭을 혼용하여 싸우는 듯한 큰 목소리가 계속 들리게 하여 이웃 주민이 알리바이를 증언하게 함으로써 완벽한 범행을 꾀하기도 한다.

시신 공작

시신에 공작을 하여 정확한 사망 추정 시각을 측정할 수 없게 하여 알리바이를 위장하는 것이다. 가령, 따뜻한 물에 시신을 담가두면 사

후경직을 늦출 수 있고, 반대로 온도가 굉장히 낮은 곳에 시신을 두면 사후경직을 앞당길 수 있다. 또한 범인이 둔기로 피해자를 기절시킨 후 얼마 뒤 깨어난 피해자에게 독을 먹여 죽게 했다면? 사망 원인 추정에 혼선을 불러일으킬 것이다.

2인 1역

범인 A가 살인을 행하는 사이에 B가 A로 변장하여 다른 장소에서 A의 알리바이를 만들어주는 트릭이다. 눈보라가 치는 날, 목도리와 모자로 꽁꽁 싸맨 사람은 누구나 비슷하게 보일 수 있다는 점을 이용하여, 옷차림만 같고 얼굴이 제대로 드러나지 않은 다른 사람을 자신이라고 주장한다면 무작정 의심만 하기는 어려울 것이다. 고전 추리소설에서는 쌍둥이를 등장시키기도 했지만, 용의자 가운데 쌍둥이가 있다는 사전 정보가 없다면 억지스러운 트릭일 수 있다.

사진 조작

범행 시각이 아닌 시점에 찍은 사진을 교묘하게 수정하여 알리바이의 증거물로 사용한다. 실제 사건에서는 금세 들키겠지만, 소설이나 애니메이션에서는 서술이나 삽화에 근거하여 추리하기 때문에, 불과 얼마 전의 알리바이를 입증하는 데 옛날 사진을 제출한다거나 조작된 사진을 제출하는 식으로 자주 등장하는 설정이다.

'춘추벚꽃'에 대해 들어본 적이 있는가? 봄과 가을, 두 번 피는 벚꽃이다. 사진에 직접적인 수정을 가하지 않더라도, 두 번 피는 벚꽃을 배경으로 찍은 사진을 이용하면 수사에 혼란을 주거나 알리바이를 만들 수 있다. 실제로 사진을 찍은 시기는 가을이지만, 봄에 찍은 사진이라며 증거를 제출하는 것이다. 봄과 가을은 옷차림도 비슷하기에 문제를 위한 설정으로는 제격이다.

약물 트릭

일정한 시간에 약을 먹어야 하는 사람에게 미량의 독약을 섞은 약을 먹도록 한다. 병을 치료하고자 약을 먹은 그 사람은 체내에 축적된 독약 때문에 돌연사한다.

실제로 이와 비슷한 사건이 있었다. 외도를 하던 아내는 남편을 죽이기 위해 쥐약을 조금씩 음료에 타서 남편에게 먹였는데, 3년이 지나도 남편이 죽지 않는 것이다. 알고 보니 남편은 소장절제 수술을 받고 비타민 K3를 처방받아 먹고 있었는데, 쥐약의 해독제가 바로 비타민 K3였던 것! 아내는 살인미수로 철창 신세가 되었다.

추리 문제에서는, 면식범인 가해자가 피해자의 집에 놀러가 냉장고 얼음을 얼릴 때 몰래 독을 섞어놓고, 가해자가 현장을 떠난 후 피해자가 음료에 얼음을 넣어 먹다가 사망에 이르는 설정이 등장한다. 피해자가 음료를 먹기 전 문단속을 철저히 했다면, 그는 꼼짝없이 밀실 살인의 피해자가 된다.

피해자가 원래 앓고 있던 지병을 이용하여, 독이 될 수 있는 음식을 섭취하게 만드는 것도 약물 트릭의 한 종류라고 볼 수 있다.

장치 · 흉기 트릭

미리 장치를 설치해놓고, 일정한 시간에 자동으로 총이 발사되거나 무거운 것이 떨어져 급소를 가격하여 사망하도록 하는 등의 트릭이다. 어떻게 자동으로 총이 발사되냐고? 데이비슨 포스트의 단편소설에 등장하는 트릭을 예로 들자면, 해가 뜨는 아침에 창문으로 비친 태양 광선이 테이블 위의 물병을 통과하면서 물병이 돋보기 렌즈 작용을 해, 총기 화약을 발화시켜 탄환이 발사되는 설정이 있다. 다소 현실성이 없어 보일지 몰라도 추리소설의 재미를 배가해주기에는 충분한 장치가 아니었나 생각한다.

물, 얼음 같은 우리 주변의 물질, 전기와 같이 눈에 보이지 않는 것, 이를테면 잘 보이지 않는 유리 파편, 바람과 태양 등도 살인 흉기로 변할 수 있다. 얼음을 뾰족하게 만들어 사람을 찔러 살해한 뒤 얼음을 녹여 살인 흉기의 증거를 없애는 방법은 여러 소설에 등장한다. 얼음이나 소금으로 화살 또는 총알을 만들어 멀리서 쏘거나 직접 찔러 살해하는데, 그 증거가 녹아 없어지기 때문에 단서를 찾지 못하게 되는 트릭도 있다. 비슷한 예로, 꽁꽁 언 고기로 사람의 뒤통수를 때려 살해한

76

뒤 그 고기를 요리하여 수사관들에게 대접함으로써 살인 무기를 없애
버린 트릭이 있다.

　현실에서는 피해자를 기절시킨 후 화재를 일으켜 사망 원인을 조작
하고 살인을 은폐하는 식의 범죄로 종종 나타난다.

눈보라 치던 밤

눈보라가 심하게 치는 추운 겨울날, 사흘을 잠복한 노 경감은 집에서 몇 시간 눈을 붙이지도 못한 채 사건 현장에 불려왔다. 이 경위는 이미 현장에 도착해 있었다.

살인 사건 목격자의 신고 전화가 접수되었고, 경찰이 주택가의 한 가정집에 출동했을 때 피해자는 피투성이인 채로 바닥에 엎드려 있었다. 집 안은 보일러를 얼마나 세게 틀었는지 덥다 못해 푹푹 찔 지경이었다. 노 경감은 착 가라앉은 목소리로 사건을 신고한 남자에게 범인의 인상착의를 물었다.

"얼굴까지 자세히 보지는 못했습니다. 멀찍이 떨어진 곳에서 창문을 통해 집 안을 봤으니까요. 커튼이 조금 열려 있었거든요. 하지만 피해자를 향해 칼을 휘두르고 도주하는 장면은 이 두 눈으로 똑똑히 보았습니다."

"흠. 그것뿐인가요?"

"도주하는 뒤통수만 보아서 확실하지는 않지만, 회색 정장에 검정 넥타이를 한 것 같았어요."

노 경감은 짜증난 목소리로 이 경위에게 말했다.
"이 자식 체포해. 이렇게 금방 들통날 얘기를 떠드는데, 대체 난
왜 부른 거야?"

노 경감이 목격자를 체포하라고 한 이유는 무엇일까?

수상한 통화 기록

신고를 한 건 실종자의 아내였다. 30대 중반의 여인은 시종 일관 울먹였다. 회사에 출근한다고 나간 남편이 나흘째 집에 돌아오지 않으니 평정심을 잃을 만도 했다. 아내는 남편의 회사, 친구, 가족, 자주가던 식당까지 연락해보았지만 감감무소식 이라며 불안해하고 있었다.

불행히도 신고가 접수되고 오래지 않아 여인의 남편은 변사체로 발견되었다. 발견 장소는 실종자의 회사 인근 공원 수풀이었다.

이 경위는 노 경감의 지시로 사망자의 통화 내역을 확인하였다. 집에 들어가지 않은 나흘간 전화가 걸려온 내역은 다음과 같았다. 노 경감은 통화 내역을 확인하고는 금세 용의자를 특정했다. 노 경감이 특정한 용의자는 누구일까?

나흘간 피해자의 전화로 걸려온 전화 내역

- 같은 팀 **김 대리** / 20통

피해자와 평소 친하게 지내는 부하 직원. 회사에 출근하지 않는 이유를 확인하려 전화했다가 연락이 닿지 않자 걱정이 되어 계속 전화를 걸었다.

- 같은 팀 **한 팀장** / 5통

피해자의 아내로부터 남편이 집에 돌아오지 않는다는 전화를 받고 걱정이 되어 이틀째부터 전화를 하였다. 평소 부장에게 자주 혼이 나는 피해자를 감싸주던 인물이다.

- AF 캐피탈 **상담원** / 8통

이자가 높기로 소문난 제3금융권 상담원. 피해자는 이곳에서 500만 원을 빌렸는데 제때 갚지 않아 채무는 1,000만 원을 넘긴 상태였다.

- 집주인 **정 씨** / 2통

전세 계약기간 만료가 얼마 남지 않아 전화를 했다고 한다.

- 고등학교 동창생 **김 씨** / 5통

피해자가 빌려갔던 100만 원을 갚겠다며, 돈을 빌려줘서 고마우니 술 한잔 사겠다고 하여 나갔지만 바람을 맞았고, 약속 장소에서 기다리는 동안 여러 차례 전화한 것이라고 한다.

Quiz 3

완벽한 증언

노영욱 경감의 지시로 이현석 경위는 살인 사건 현장에 출동했다. 조사 결과, 피해자의 사망 추정 시각은 오후 8시 30분에서 9시 사이였다. 사건 현장에 먼저 도착한 과학수사팀은 외부에서 침입한 범인이 피해자 지용우의 복부를 칼로 여러 차례 찌른 후 재빨리 도주한 것으로 보인다고 했다.

이 경위는 관련자들의 알리바이를 조사하여 노 경감에게 보고할 요량으로 의심이 가는 용의자들에게 사망 추정 시간의 알리바이를 물었다. 용의자들의 진술은 다음과 같다.

이상훈 (피해자의 친구)

저는 오후 7시부터 약 8시 10분까지 용우와 같이 백화점에서 쇼핑을 했습니다. 그 녀석이 자꾸 이상한 디자인의 바지를 사겠다고 우기길래 구박을 좀 했더니, 마음이 상했는지 먼저 집에 가버리더라고요. 종종 있는 일이라서 내버려두면 풀리겠거니 하고, 저도 이내 집에 돌아와 TV를 보며 휴식을 취했습니다. 백화점에

서 저희 집까지는 아무리 빨라도 차로 30분은 걸립니다. 저희 집
에서 그 녀석 집까지도 30분은 족히 걸리고요. 혼자 집에 있었으
니 알리바이를 증명해줄 사람은 없습니다. 아무튼 저는 용우와
헤어진 다음 바로 집으로 돌아왔으니까, 동네 CCTV라도 한번
확인해 보시든가요.

김인환 (피해자의 직장 동료)

저는 휴대폰이 고장나서 여자친구와 집 전화로 통화를 하며 노
트북으로 회사에서 미처 끝내지 못한 일을 했습니다. 그런데 갑
자기 정전이 돼서 통화가 끊겼어요. 저희 집만 정전이 된 건지,
어떻게 된 건지 알 수가 없어 두꺼비집 스위치만 올렸다 내렸다
하며 불이 들어오길 기다렸습니다. 오래 지나지 않아서 불이 들
어왔고, 여자친구와 다시 통화를 했죠. 저와 용우 씨 사이는 그냥
평범한 동료 관계일 뿐, 다섯 번도 넘게 찌를 만한 아무런 원한

관계가 없어요. 여자친구와 집 전화로 통화한 내역이 저의 알리바이를 증명해줄 겁니다.

우한울 (피해자의 이웃)

종일 몸이 좀 안 좋아서 집에서 계속 쉬었습니다. 저녁 7시에서 8시 사이 가족들과 잠시 외식을 나간 걸 제외하고는 쭉 집에 있었어요. 침대에 누워서 자다 깨다 하며 하루를 보냈습니다. 거실에 저희 가족들이 계속 있었으니, 제가 외출하지 않은 걸 증명해줄 거예요. 제 방이 저희 집 가장 안쪽에 있어서 가족들 모르게 집을 나갈 수는 없으니까요. 쓰레기 문제로 이웃끼리 다툼이 있긴 했지만, 그렇다고 저를 용의자로 보다니, 이거 정말 너무한 거 아닙니까?

이 경위는 용의자들의 진술이 끝나자마자 가장 의심할 만한 사람을 지목했고, 노 경감에게 보고했다. 노 경감은 바로 체포하라고 지시했다. 이 경위가 가장 의심할 만한 사람이라고 지목한 용의자는 누구일까?

Q1

사건이 일어난 날은 눈보라가 심하게 치는 추운 날이었고, 집 안은 보일러를 켜서 더울 정도라고 했다. 이 경우, 실내와 실외의 온도 차로 인해 창문에 김이 서릴 수밖에 없다. 그 상태에서 실외에 있는 사람이 창을 통해 실내를 보는 건 불가능하다. 게다가 범인의 뒤통수만을 봤다고 증언한 목격자가 정면에서나 확인할 수 있는 넥타이의 색까지 볼 수는 없다. 이는 자신은 현장이 아니라 밖에 있었다는 걸 주장하기 위한 서툰 거짓말인 것이다.

Q2

노 경감이 지목한 범인은 신고자인 피해자의 아내이다. 진심으로 남편을 걱정했던 아내라면, 하루만 남편이 들어오지 않아도 몇 통이고 전화를 했을 것이다. 그런데 여기저기 남편의 행방을 수소문했던 아내는, 통화 기록이 말해주듯 남편에게는 단 한 통의 전화도 걸지 않았다. 이미 남편이 사망한 상태라 전화해도 받지 않을 것을 알았거나, 슬픈 척 연기하는 데 집중한 나머지 알리바이를 만드는 것에는 미숙했던 아내의 실수가 그녀의 덜미를 잡았다.

Q3

문제에는 범인이 피해자를 칼로 여러 차례 찔렀다고만 제시되어 있다. '다섯 번 이상'이라는 횟수는 범인밖에 알 수 없는 정보다. 무엇보다, 정전이 되면서 전화가 끊겼다는 진술에 설득력이 없다. 전화는 전화국에서 전원을 공급하기 때문에 정전과 무관하게 이용할 수 있기 때문이다. 김인환은 어떤 이유에서든 피해자 지용우와 원한 관계가 있었고, 정전 중에는 전화 통화가 안 될거라 생각하여 여자친구와 통화를 하다 코드를 뽑아버리고 지용우에게 갔을 것이다. 그리고 살해한 후 집으로 돌아와 천연덕스럽게 여자친구와 다시 통화를 한 것이다. 이런 이유로 셋 중 가장 의심스러운 사람은 김인환이다.

Lesson 4

Let's find a clue

독살은 반드시
흔적을
남긴다

의심의 시작

피 한 방울 흘리지 않고 쓰러져 있는 시신.
게다가 그 시신이 밀실에 놓여 있다면?
용의자 가운데 알리바이가
가장 확실한 사람의 직업이
의사, 약사, 혹은 요리사라면?
의심하라, 독극물이 그 혹은 그녀를
위태롭게 했을지 모른다.

추리소설의 여왕은 독극물의 여왕!

성경과 셰익스피어 작품을 제외한 전 세계 최고의 베스트셀러는 무엇일까? 바로 '추리의 여왕'이라는 애칭을 갖고 있는 애거서 크리스티의 작품이다. 애거서 크리스티의 작품은 지금까지 40억 부 이상이 판매되었다고 한다.

애거서 크리스티는 공군 조종사인 남편이 제1차 세계대전에 참전하자 자신은 적십자사에서 간호사로 봉사활동을 한다. 당시 그녀는 외과 병원의 조제실에서 일을 하게 됐는데, 그 덕에 독극물에 대한 정보를 속속들이 알게 되었고, 이 경험은 그녀의 데뷔작인《스타일즈 저택의 미스터리(The Mysterious Affair at Styles)》의 집필에 큰 도움이 되었다. 그녀는 이 소설에서 화학자들도 인정하는 치밀한 독살을 선보였다. 그리고 이후 발표된 그녀의 대표작에는 대부분 독살이 등장한다. 오죽하면 화학자이자 애거서 크리스티의 팬인 캐스린 하쿠프가 《죽이는 화학-애거서 크리스티의 추리소설과 14가지 독약 이야기》라는 책을 냈을까. 추리소설이나 영화에 등장하는 독극물이나 독살에 대해 궁금했던 사람이라면 한번 읽어봄 직하다.

추리 문제나 소설을 잘 이해하기 위해서는 독에 대한 과학적 정보보다는 독이 어떨 때 어떤 식으로 사용되는지, 주로 어떤 트릭으로 활

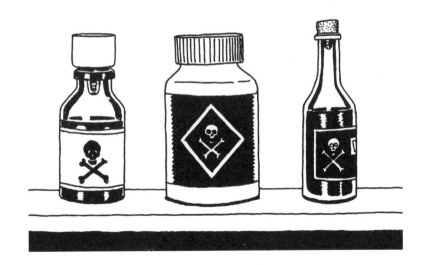

용되는지 알아두는 것이 도움이 될 것이다. 가령, 히가시노 게이고의 《잠자는 숲》에서는 흔적을 최소화하여 살인하기 위해 독침을 쓰기도 하고, 어떤 경우에는 무차별 살인을 위해 편의점 음료수에 독을 주입하기도 한다. 고전 소설에서는 살모사 독을 이용하기도 하고 독버섯도 등장한다.

독의 종류가 워낙 다양하기 때문에 이 책에서는 추리소설이나 영화에 자주 등장하는 다섯 가지 독과, 역시 자주 등장하는 독살의 유형을 간단히 살펴보도록 하겠다.

추리소설에
자주 등장하는 독극물

청산가리(potassium cyanide)

"아몬드 냄새…… 청산가리 중독이군."

추리소설이나 영화에서 한번쯤은 들어봤음 직한 이 대사에 등장하는 청산가리의 정확한 명칭은 사이안화칼륨이다. 대개는 피해자가 청산가리를 먹어서 사망하는 걸로 나오는데, 25.7℃의 낮은 온도에서 기화되기 때문에 호흡기를 통한 중독도 쉽게 일어날 수 있다. 청산가리는 몸의 세포가 산소를 이용하지 못하도록 막는 작용을 하기 때문에 먹거나 흡입할 경우 화학적 질식으로 사망하게 된다.

비소(arsenic)

비소는 색이 희고 냄새가 없는 데다가 살짝 달큰한 맛이 있어서 오래전부터 범죄에 자주 사용되었다. 비소 중독은 위장병과 증상이 비슷하여 콜레라나 이질로 인한 위장병으로 종종 오인되었기 때문에 과학기술이 발전하기 전에는 특히 범죄에 종종 활용되었다.

쿠라레(curare)

남미의 댕댕이덩굴과 식물에서 추출한 물질로, 원주민들이 화살촉에 묻혀 사용했던 독이다. 소화기를 통해서는 흡수되지 않는다. 독침을 이용한 살인 문제에 주로 등장하며, 호흡기근육을 마비시켜 죽음에 이르게 한다.

니코틴(nicotine)

니코틴 원액은 의외로 무색무취다. 애거서 크리스티의 대표작인 《오리엔트 특급 살인》에 등장한 니코틴 살해는 2016년 우리나라에서도 실제 사건이 일어나 더욱 화제가 되었다. 내연남과 짜고 남편에게 수면제를 먹인 후 니코틴을 먹여 사망에 이르게 한 사건으로, 남편이 돌연사했음에도 경찰이 아니라 장례업체에 먼저 연락한 것을 수상하게 여긴 경찰에 덜미가 잡혔다. 니코틴은 매우 강한 독성을 지녀서 소량만 섭취해도 혈관 수축, 혈압 상승으로 사망할 수 있다.

아코니틴(aconitine)

《해리 포터》시리즈에서는 늑대인간을 위한 마법의 약 재료로 투구꽃이 등장한다. 우리나라 영화 〈조선 명탐정-각시투구꽃의 비밀〉에도 등장했던 바로 그 투구꽃이다. 이 투구꽃에 들어 있는 성분 중 하나가 바로 아코니틴이다. 조선시대에는 사약의 재료로도 사용되었다. 2006년에는 경기도 연천에서 투구꽃으로 술을 담가 나눠 먹은 마을 주민 20여 명이 집단 중독 증세를 일으킨 사례도 있다. 아코니틴에 중독되면 심장마비와 호흡기근육 마비로 사망에 이른다. 일상의 친근한 배경에서 일어나는 상대적으로 가벼운 사건을 다룬 미스터리 장르인 코지 미스터리를 표방한 로라 차일드의 《다질링 살인 사건》도 아코니틴에 의한 살인을 담고 있다.

독극물 트릭의 유형

피해자의 버릇이나 일상을 활용한 트릭

독극물 범행의 핵심은 피해자가 자신이 독극물을 먹고 있다는 것을 인지하지 못하도록 하는 것, 나중에 다른 사람들이 누가 어떤 식으로 독극물을 먹게 했는지를 짐작하지 못하게 하는 것이다. 이런 이유로 독극물 범죄에서는 피해자가 부지불식간에 독을 먹게 하기 위해 피해자의 평소 습관을 이용하거나, 불특정 다수에게 무차별적으로 독이 노출될 수 있는 가능성을 열어둠으로써 오히려 누구를 겨냥하여 그랬는지 알아차리지 못하게 하는 경우가 많다.

가장 유명한 방법 중 하나는, 영화화되기도 했던 움베르토 에코의 소설 《장미의 이름》에 등장하는 트릭이다. 책 페이지마다 독을 묻혀놓고, 그 책을 읽는 수도사들이 손끝에 침을 묻혀 책장을 넘길 때마다 자연스럽게 독을 먹게 만드는 것이다. 이 트릭은 이후 〈명탐정 코난〉과 같은 애니메이션을 비롯하여 각종 추리 문제 등에서 여러 번 반복되기도 했다.

용의자의 직업에 주목하라!

1801년 독일에서 실제로 일어난 일이다. 평범한 주부이자 가정부라는 직업을 가진 안나 마리아 츠반지거. 그녀는 주로 판사들의 집에서 가정부로 일했다. 수더분한 외모, 성실한 태도, 풍부한 간호 지식을 갖춘 그녀는 일하는 곳에서 늘 환영받았다. 그런데 첫 번째로 일하던 판사의 집에서 판사의 부인이 급사하고 판사 또한 복통에 시달리자 그녀는 해고된다. 그래도 워낙 평판이 좋았기에 곧바로 다른 판사의 집에서 일을 하게 되었다. 그런데 두 번째로 일하던 판사의 집에서도 같은 일이 생겼다. 그런 식으로 네 번째 판사의 집에서 일을 하던 때, 안나를 수상하게 여긴 고용주는 그녀가 만들어준 음식물의 성분을 파헤쳤다. 그 결과 독극물인 비소가 검출되었고 안나는 체포되었다. 혐의를 끝까지 부인하던 그녀는 첫 번째 피해자인 판사 부인의 묘를 연 법의학자들이 부인의 위장에서 비소를 검출하자 결국 혐의를 인정한다. 그녀에게는 이렇다 할 살해 동기도 없었다. 결국 "내가 죽는 것이 이 사회를 위해서는 잘된 일인지도 모르죠."라는 말을 남긴 채 사형된다.

추리 문제를 접하다 보면 용의자 중에 가정부나 요리사, 약사, 의사, 간호사 같은 직업군이 종종 등장한다. 우리와 가장 가까이 있는 사람, 혹은 사람들이 신체적으로 약해졌을 때 도움을 청할 상대가 범인이라는 점이 사람들을 심리적으로 흔들 뿐만 아니라, 이들이 음식이나 약을 이용한 독살에 유리한 위치에 있기 때문이다.

하지만 반대로 추리 문제를 푸는 사람에게 혼선을 야기하기 위해 간호사, 약사, 가정부 등을 등장시키는 경우도 많다. 간호사가 실수로 투약한 약 때문에 쇼크로 죽은 것처럼 보이지만, 실은 원한을 가진 사

람이 음식물 등에 섞어 약을 먹게 한다거나 하는 식으로 말이다. 혼선을 주는 데서 한 번 더 꼬아서 실제 범인으로 등장시킬지, 아니면 혼선의 장치로만 이용할지는 작가의 선택이다.

지병과 체질을 이용한 독살

지병을 이용한 독극물 사건은 일반적으로는 독성이 없지만 특정인에게는 독성을 가지는 물질을 이용하는 것이다. 애주가에게 술은 최고의 친구겠지만, 알코올을 전혀 분해하지 못하는 체질의 사람이라면 독주 몇 잔에 목숨이 위태로울 수도 있다. 구강 알러지가 심한 사람의 경우 땅콩, 갑각류 등 알러지를 일으키는 음식을 먹으면 입, 목구멍 등에 부종을 일으켜 호흡 곤란으로 사망하는 경우도 있다. 실제로 비행기를 탄 승객이 승무원에게 자신의 아이에게 땅콩 알러지가 있다고 고지했는데, 승무원이 마카다미아와 땅콩은 다른 거라 생각하고 마카다미아를 서비스했다가 아이가 호흡 장애를 일으켜 위험에 빠진 사건도 있다. 이 사례에서 보듯 독극물이라고 해서 꼭 화학적 독이어야 할 이유는 없다. 맛있는 제철 대게가 누군가에게는 독극물이 될 수도 있으니까 말이다.

추리 문제를 만들기 좋아하는 사람들이 곧잘 이용하는 설정이 있다. 다소 억지스럽고 현실성은 없지만 재미있는 설정이라 자주 이용되는데 그 내용을 살펴보자면, 고등어에 알러지를 가진 남자가 있다.

고등어를 먹으면 생명이 위태로워질 정도로 과민하다. 그는 친구와 술을 마시다 방에서 잠이 들었다. 그런데 그의 친구는 사실 그에게 원한을 가지고 있었고, 죽이기로 결심했다. 과연 어떻게 죽일까? 친구가 이용한 것은 바로 '모기'다. 친구는 남자에게 고등어 알러지가 있다는 걸 알고 있었기에, 고등어 엑기스가 섞인 피를 빤 모기가 남자를 물게 하는 방법으로 살인을 저지른다.

어이없다고? 하지만 추리 문제에는 이렇게 극단적인 유형도 자주 등장하니, 사소한 지병, 별 의미 없어 보이는 커피 한 잔도 그냥 넘겨서는 안 된다.

블랙 컨슈머의 사망

2주간 해장국 아니면 설렁탕, 잠복근무 때는 빵과 우유만 먹으며 지냈던 이 경위는 모처럼 혼자서 분위기를 내기로 했다. 요즘 핫하다는 레스토랑에 온 이 경위는 스테이크와 하우스 와인을 시키고 여유를 즐기고 있었다. 고급 스피커에서 흘러나오는 클래식 음악 소리에 귀를 기울이다가 갑자기 졸음이 몰려오던 찰나, 건너편 테이블에서 들리는 날카로운 소리에 이 경위는 눈을 번쩍 떴다.

"이 파스타 왜 이렇게 짜! 물 더 가져와!"

신경질적인 목소리에 웨이터는 자라목이 되어 물을 다시 한 잔 가져다 테이블에 놓았다.

'매너가 없는 사람이군.'

Lesson 4. 독살은 반드시 흔적을 남긴다

그사이 웨이터가 스테이크를 가져왔고, 먹음직스러운 소고기의 자태를 보자 이 경위는 이내 마음이 풀렸다. 큼직하게 썰어 한입 가득 입에 넣고 우물거리는데, 건너편 남자의 모습이 영 수상했다. 남자는 목을 움켜쥐고 버둥거리더니 쿵, 소리를 내며 의자에서 굴러떨어졌다. 이 경위는 자리에서 벌떡 일어나 남자에게 다가갔다. 이 경위가 남자를 일으키는데 아몬드 냄새가 훅 끼쳤다.

'청산가리?'

이 경위가 청산가리 특유의 아몬드 냄새에 의구심을 가진 채 남자를 살피는 사이 레스토랑 매니저가 119에 전화를 걸었다. 하지만 구급차가 미처 도착하기 전에 남자는 숨을 거두고 말았다. 검시 결과 남자의 사인은 청산가리에 의한 질식사였다.

숨을 거둔 남자는 평소에도 이 레스토랑에 자주 왔는데, 수시로 클레임을 걸어 마찰을 일으켰다고 했다. 당연히 레스토랑에서 일하는 사람들이 용의선상에 올랐다. 하지만 감식반의 조사 결과, 남자가 먹은 파스타와 테이블 위의 식기 일체, 물컵과 냅킨 등 어디에서도 독은 발견되지 않았다. 가족들은 남자가 특정 물질에 알러지가 있는 것도 아니라고 했다. 도대체 남자는 어떻게 청산가리를 먹게 된 걸까?

술에 취한 은사

"아니, 한 검사님께서 여긴 어쩐 일이십니까?"

노영욱 경감의 목소리에 이 경위가 뒤를 돌아보았다. 노 경감은 양복을 잘 차려입은 젊은 남자와 병원 복도에서 이야기를 나누고 있었다.

"수고하십니다. 노 경감님 목소리는 언제 들어도 시원시원하네요. 이곳에서 운명하신 분이 제 대학 은사님이십니다. 사모님께서 겁에 질린 목소리로 연락을 하셔서 나와봤습니다. 마침 쉬는 날이고요."
"저런……."

노 경감은 진심으로 안타까운 표정으로 탄식을 하였다.
사망한 사람은 윤현식 교수. 윤 교수는 자식들을 모두 출가시키고 아내와 단둘이 전원생활을 하고 있었다. 그의 갑작스러운

Lesson 4. 독살은 반드시 흔적을 남긴다

사망에 충격을 받은 아내는 쓰러져 병원에 입원을 했다. 겨우
정신을 차리고는 놀란 마음에 검사로 일하고 있는 남편의 제자
에게 연락을 한 모양이었다.

"궁금하실 테니 말씀드리죠. 윤 교수님 시신은 이미 국과수로 옮
겨졌습니다. 발견 당시 윤 교수님에게서 별다른 외상은 발견되
지 않았습니다. 특이한 점이라면 술 냄새가 풍겼다는 겁니다. 구
토를 한 흔적도 있었고요."

노 경감의 말에 한 검사는 당황한 목소리로 물었다.

"술 냄새요? 교수님은 당뇨병이 심해서 식사도 엄격히 조절하고
계셨습니다. 술도 안 드신 지 오래고요."

한 검사의 말에 노 경감은 뭔가 이상한 낌새를 차린 듯 말했다.

"그러잖아도 간병인이 있기에 얘길 나눴는데 술 냄새에 대해 의
아해하더군요. 당뇨가 심해서 인슐린 주사를 매일 맞아야 하는
데, 당뇨 부작용으로 손 떨림이 심해져서 간병인을 쓰셨다고 하
더군요. 피해자의 아내 분도 건강이 좋지 않아서 근처에 사는 간
병인이 수시로 들렀다고 합니다."
"간병인은 지금 어디 있습니까?"
"추가 조사가 필요할 것 같아 경찰서로 모셨습니다. 주사를 간병
인이 놓는다고 하니 아무래도 의심이 가서요."

한 검사는 노 경감의 말에 고개를 끄덕였다.

"인슐린 주사는 배에 맞는 거니까요. 역시 노 경감님 감은 못 당
하겠네요. 아무쪼록 수사 잘 부탁드립니다."

한 검사는 윤 교수의 아내에게 가보겠다며 현장을 떠났다.
노 경감과 한 검사가 간병인을 수상히 여긴 이유는 무엇일까?

Quiz3

갑작스러운 죽음

집에 조카가 와 있으니 케이크라도 하나 사 오라는 어머니의 전화에 이 경위는 근처 유명한 빵집으로 향했다. 가게에 들어선 이 경위는 진열대를 둘러보지도 않고 조카가 평소 좋아하는 딸기생크림케이크를 달라고 했다.

"손님, 죄송합니다. 지금 케이크를 만들고 있는데, 30분 안에는 나올 거예요. 괜찮으시면 기다려주실 수 있을까요? 대신 원하시는 커피 음료 하나와 쿠키를 서비스로 드리겠습니다."

다른 빵집을 갈까, 잠시 망설이던 이 경위는 오늘은 야간 근무도 없고 이 집 커피도 꽤나 맛있으니 잠시 쉬었다 케이크를 사 갈 생각에 자리를 잡았다. 그리고 곧 아메리카노와 쿠키가 서비스로 나왔다. 그때, 떠들썩한 웃음소리와 함께 네 명의 여자가 빵집 안으로 들어왔다.

"여기 라즈베리 푸딩 맛있대. 그거 먹자!"

"블루베리 쿠키랑 치즈 쿠키도 꼭 먹어보자! 혜정아, 넌?"

"난 타르트! 은성아, 늦게 왔으니까 네가 쏴. 억울할 거 없지?"

"응, 안 그래도 내가 사려고 했어. 푸딩, 쿠키, 타르트지? 자리 잡고 있어."

"다른 빵도 맛 좀 보게 넉넉하게 주문해."

"응, 알았어. 혜정아. 넉넉하게 사 갈게."

　혜정이라 불린 여자 뒤로 다른 두 명의 친구가 눈치를 보는 듯 슬금슬금 뒤따르고, 은성이라 불린 여자만 카운터에 남아 계산을 하고 그 자리에서 기다렸다. 여자는 주문한 빵이 나오

자 냅킨 등이 놓여 있는 서비스대로 가서 잠시 이것저것 챙기
는가 싶더니 친구들이 있는 자리로 갔다.

"와! 맛있겠다! 은성아, 너 다음에도 늦게 와라. 그리고 네가 또
빵 쏘고. 하하!"

(빵집에 혼자 있나. 목소리 한번 요란하네.)

이 경위는 혜정이라는 여자의 목소리가 거슬렸다. 친구라고 하
면서도 분명히 은성이라는 여자를 깔보고 괴롭히는 말투였다.
잠시 시간이 지난 후, 또다시 혜정이라는 여자의 신경질적인
목소리가 날아들었다.

"너, 얘기 중에 갑자기 어디 가는 거야?"

은성이라 불리는 여자의 기죽은 듯한 작은 목소리가 들렸다.

"아, 빵이 너무 달지 않아? 내가 음료 좀 사 올게."
"은성이 너 오늘 아주 제대로 쏘는구나. 난 내가 하는 얘기 듣기
싫어서 일어나는 줄 알았네. 하하하!"
"아냐, 혜정아. 오해하지 마."

(은성이라는 여자가 저들 관계에서 가장 힘이 없나 보군.)

이 경위는 요란스러운 테이블을 흘깃 보며 생각했다.

카운터 쪽에서 은성이라 불린 여자가 아메리카노 네 잔을 주문하는 소리가 들렸다. 앞에 놓인 커피와 쿠키가 바닥나자 이 경위는 기다리는 게 지루하여 굳이 딸기생크림케이크를 달라고 한 게 후회되었다. 얼추 30분이 흘렀다고 생각할 무렵, 점원이 케이크 상자를 들고 다가왔다.

"오래 기다리셨죠? 정말 죄송합니다. 주문하신 케이크입니다."

드디어 소란스러운 자리에서 벗어나게 된 것이 기뻐 이 경위는 케이크를 건네받자마자 자리에서 일어났다. 그때였다.

"혜정아!"

쿵 소리와 함께 바닥에 쓰러져 괴로워하던 혜정이라는 여자는 친구들이 흔들어 깨우는데도 정신을 차리지 못했고, 119 구급대원들이 도착했을 때에는 이미 숨을 거둔 상태였다.

수사 결과, 피해자의 사인은 독극물 중독이었다. 그리고 범인은 피해자에게 괴롭힘을 당하던 은성이라는 여자였다.

은성은 혜정을 어떻게 죽인 걸까?

|해설|

Q1

이 문제와 유사한 상황이 추리물에 자주 등장했던 터라 쉽게 푼 독자도 많지 않을까 싶다.

남자는 파스타가 짜다며 물을 마셨고, 물을 더 가져오라고 했다. 웨이터는 물을 한 잔 다시 가져다주었다. 그러니까 앞서 마셨던 물컵은 치워버린 것이다. 바로 이 물컵에 청산가리가 있었다면 이야기가 성립된다.

주방에 있을 컵을 찾아서 확인하면 더욱 확실할 것이고, 물을 서빙한 웨이터가 독을 탔을 가능성이 비교적 높다고 하겠다. 또한, 파스타를 평소보다 짜게 만든 셰프가 공범일 가능성이 높다.

Q2

사망한 사람에게 별다른 외상은 없다고 했다. 하지만 죽음에 이를 수 있는 이유는 다양하다. 우선 피해자가 고령이기 때문에 심장마비와 같은 돌연사 가능성도 배제할 수 없다. 그렇지만 이 문제에서는 살인을 의심할 만한 결정적인 요소가 있었다.

우선, 윤 교수가 평소 인슐린 주사를 맞는다고 했는데, 인슐린 주사는 보통 배에 주사한다. 그런데 윤 교수는 손 떨림이 심해 스스로 놓지 않고 간병인의 손을 빌린다고 했다. 그리고 철저하게 식사를 조절하던 사람이 당뇨에 치명적이라는 술을 마신 듯 술 냄새가 강하게 났다고 했다. 그런데 정말 그가 술을 마신 걸까?

노 경감이 의심한 대목은, 술을 마실 리 없는 사람이 술 냄새를 풍기고 있다는 점이다. 만약 간병인이 주사기로 술을 주사했다면? 이 경우 급성 알코올 중독으로 인해 쇼크사에 이를 수 있다. 그 과정에서 구토를 했을 가능성도 있다. 단정할 수는 없지만 의심의 여지가 충분하기에 노 경감은 간병인을 조사하고자 경찰서로 데려간 것이다.

Q3

이 문제에 나오는 범죄는 철저히 계획된 범죄이다.

사건의 핵심은, 빵도 커피도 모두 은성이 픽업했다는 데 있다. 은성은 혜정을 독살하고자 했다. 그래서 다 같이 먹는 빵에 독을 넣은 후 혜정을 제외한 3명의 음료에만 해독제를 넣었다. 만약 이때 넷이 서로 다른 음료를 주문했다면, 다른 친구의 음료를 맛보는 경우가 있을 수 있으므로 혜정도 해독제를 먹게 될 가능성이 있다. 그래서 은성은 친구들에게 묻지 않고 모두 똑같은 아메리카노를 주문했고, 테이블로 가져가기 전 서비스대에서 3잔에만 해독제를 넣었다. 그리고 혜정 앞에 해독제 없는 아메리카노를 먼저 내려놓아 음료가 섞이지 않게 했다. 서로 같은 음료이기 때문에 다른 사람의 음료에 관심을 갖지 않고 각자 자신의 음료만 마셨고, 결국 혜정을 독살하려던 은성의 계획은 성공한 것이다.

Lesson 5

자살인가
타살인가

의심의 시작

당신이 보고 있는

미스터리 영화나 소설에서

자살한 시신에 남아 있는 흔적을

여러 차례 묘사한다면?

현장에 남은 혈흔, 족적에 대한

장면을 보여준다면?

당신은 지금, 과학수사를 시작해야 한다.

01

시신은 모든 것을 알고 있다

희대의 패륜 사건으로 오랫동안 회자되고 있는 사건이 있다. 일명 '박한상 사건'인데, 영화 〈공공의 적〉의 모티프가 되기도 한 사건이다.

스물세 살의 박한상은 재산 상속을 목적으로 부모를 살해한다. 수십 차례 칼로 찔러 부모를 죽인 박한상의 범행은 지극히 계획적이었다. 몸이나 옷에 핏자국이 남을까 봐 알몸에 얇은 이불 하나만 걸친 채 범행을 저질렀다. 그리고 사고사로 위장하기 위하여 집에 불을 질렀다. 사건을 신고한 사람 역시 박한상이었다. 하지만 수사 단계에서 이상한 점이 발견되었다. 화재로 인한 사고사로 단정하기에는 수상한

다수의 칼자국이 시신에서 발견된 것이다. 또한, 장례식장에서 박한상이 조금도 슬퍼하지 않는 것은 물론, 여자친구와 웃으며 얘기하는 모습이 목격되었다. 이를 수상하게 여긴 수사진의 노력으로 범행 일체가 밝혀졌다.

　박한상 사건처럼 사고사 또는 자살로 위장한 살인은 현실에서 종종 벌어지는 일이어서인지 추리물에도 자주 등장한다. 수사 초기에는 화재로 사망한 것으로 보였지만 부검 결과 폐에 그을음이 없어 살해 후 불을 지른 것을 알아내거나, 목을 매달아 죽은 줄 알았던 시신의 손톱에서 가해자의 피부조직을 채취하여 타살을 확인하는 등 과학수사의

힘으로 사건의 진실을 밝혀내는 경우가 많은데, 추리물에서도 유사한 설정이 자주 등장한다. 몸에 남아 있는 자해의 흔적을 보여주고, 평소에 죽고 싶다는 말을 자주 했던 피해자를 등장시켜 혼란을 준 다음, 자해의 흔적에 남은 특징이나 범행 흔적을 통해 자살이 아님을 알아채도록 유도하는 식이다.

자살일까, 타살일까?
주저흔과 방어흔

자살과 타살을 구분하는 결정적 요소 중 하나는 바로 시신에 남은
상처의 흔적이다. 아무리 자살로 보이는 정황이라 해도, 주저흔이 없
거나 방어흔이 있다면 타살을 의심해야 한다.

주저흔

스스로 팔목을 긋는 식으로 자살하는 경우, 대부분 한 번에 성공하
지 못한다. 여러 번 시도하다가 실패하는 경우가 많고, 이 과정에서 과
다 출혈로 죽는 경우도 있다. 성공한다 하더라도 여러 번 실패한 흔적

이 몸에 남을 수밖에 없다. 이 흔적을 '주저흔'이라고 한다. 주로 치명상을 입은 쪽 근처에 생기는데, 다른 부분을 해하다가 치명상을 입기도 하므로 시신의 곳곳을 제대로 살펴야 정확하게 파악할 수 있다. 대개는 손목의 안쪽이나 목, 가슴과 배에 이런 상처가 남는다. 목을 매는 경우에도 주저흔이 생긴다. 이 경우 무게가 실리는 목 앞쪽, 턱 바로 아래쪽에 주로 흔적이 남는다.

방어흔

사람은 공격을 당하면 본능적으로 방어를 하게 된다. 가해자가 칼을 휘두르면 피해자는 칼날을 잡거나 팔을 들어 더 큰 위해를 입는 것을 막으려 한다. 이렇게 해서 생긴 손상을 '방어흔'이라고 한다. 손바닥이나 손등, 손날 쪽에 주로 흔적이 남는다.

목을 매 자살한 듯 보이는 시신인데 손톱에서 타인의 피부세포를 발견했다면, 타살의 가능성이 있다고 봐야 한다. 교살 직전에 괴로워하며 목을 조르는 손이나 줄을 떼어내려는 과정에서 손톱으로 범인에게 상처를 내는 등의 방어흔이 남을 수밖에 없기 때문이다. 목을 매달아 자살하는 경우, 줄의 흔적이 목 앞쪽과 턱 아랫부분에 집중된다. 하지만 교살을 당한 후 자살로 위장되었다면, 목 주변 전체에 흔적이 남을 가능성이 높다.

사망 추정 시각을
밝혀라!

　서울에서 일어난 실제 사건이다. 아파트 7층에서 치과의사인 여자와 한 살배기 딸이 사망한 사건이 발생하였다. 사건의 용의자는 외과의사인 남편이었다. 남편은 재판에 회부되었고 1심에서 유죄를 받았으나 무려 8년간의 소송 끝에 최종 무죄 판결을 받아 풀려났다.

　당시 남편은 아침 7시에 출근하기 위해 집을 나섰는데, 아침 8시 50분쯤 집에서 불이 났다. 안방에 있는 장롱만 타고 화재는 진압되었는데, 아내가 사망한 채 발견된 것은 아침 9시 40분경. 당시 아내는 욕조 안 미지근한 물속에 잠겨 있었던 탓에 사망 후의 사체 변화가 일반적인 경우와 다를 수 있어 사망 시간이 쟁점이 되었다. 사망 후 욕조로 옮겨진 건지, 혹은 욕조에서 목욕을 하다 사망한 건지 파악하기 힘들었던 것이다. 만약 남편이 출근하기 전에 사망하고 욕조로 옮겨진 것이라면 남편의 유죄가 확실시되지만, 남편이 출근한 후 목욕 중 사망한 것이라면 남편은 엄연히 무죄인 상황이었다. 당시 경찰은 남편을 유력한 용의자로 보고 기소했으나 증거 불충분으로 최종 무죄가 선고되었고 사건은 종결되었다.

이처럼 사망 추정 시각은 용의자를 특정할 수 있는 결정적 단서임에도 사건 조작을 통해 얼마든지 달라질 수 있다는 점에서 한계가 있다.

사망 시각을 추정하는 방법은 대략 다섯 가지 정도로 정리할 수 있다.

위 속의 음식물

위장에 음식물이 남아 있다면 소화된 정도에 따라 사망 시각을 추정할 수 있다. 사망 후 소화가 더 이상 진행되지 않을 것은 자명한 사실. 사망 시각을 추정하는 결정적 단서로 활용된다.

각막 상태

사후 12시간이 지나면 각막은 다소 탁해지고, 48시간이 지나면 완전히 불투명해진다.

시신의 온도

사망 후 24시간이 지나면 시신의 온도가 주변 온도와 같아진다. 그러나 앞서 살펴본 사건과 같이 따뜻한 물에 담겨 있었다거나, 냉장고나 냉동고에 보관된다면 충분히 조작이 가능하다. 추리 문제에서도 이 같은 조작으로 헷갈리게 만드는 경우가 많다.

시신의 부패 정도

시신의 부패 정도는 계절의 영향을 많이 받는다. 습도와 온도에 민감하기 때문인데, 드문 경우지만 암매장된 시신이 2년이 지났는데도 손 부분만 부패하지 않아 지문을 채취하여 신원 조회에 성공한 적도 있다.

시강과 시반

시강은 사후 시체 경직을 뜻하고, 시반은 사후 혈액 순환이 멈추면서 적혈구의 움직임도 멈춰 혈액 침하가 일어나면서 내장기관이나 피부에 얼룩이 남는 걸 뜻한다. 시반의 경우 사후 4~5시간이 지나면 암적색으로 나타나는데, 청산 계열 독극물이나 일산화탄소 중독의 경우 선홍색으로, 유황가스 중독의 경우 청색으로 나타나기도 한다.

04

범행 흔적이
말해주는 것

범죄가 일어나면 현장에는 폴리스 라인이 쳐지고, 과학수사팀은 사소한 증거 하나라도 더 건지려 애쓴다. 지켜보는 사람 입장에서는 '저런 것 가지고 뭐가 밝혀질까?' 싶은 생각이 들 수도 있지만, 보통 사람들이 지극히 사소하다고 느끼는 아주 작은 증거물이 범인을 잡는 데 결정적 단서가 되는 경우는 적지 않다. 그중 하나가 담배꽁초이다. 담배꽁초에는 침이 묻게 되고 입술이 닿기 때문에 입안의 점막에 있던 상피세포가 남기 마련이다. 이 상피세포에서 DNA를 확보하여 범인을 잡는 데 이용하는 것이다. 이러한 과학수사를 통해 해결한 사건은 헤

아릴 수 없이 많다.

타액과 체액, 머리카락과 손톱, 피부조직 등은 DNA를 추출하여 범인을 잡는 데 결정적인 기여를 한다. 그 밖에 범인이 자기도 모르게 현장에 남기는 범행 흔적은 어떤 것들이 있을까?

혈흔

혈흔은 우리가 생각하는 것보다 훨씬 많은 사실을 알려준다. 우선, 범죄가 일어난 날짜와 시간을 알 수 있다. 현장에서 발견된 혈액이 얼마나 굳어 있는지에 따라 범행이 일어난 시간을 추정해볼 수 있다. 범행에 사용한 흉기의 유형과 속력도 혈흔으로 알 수 있다.

왼쪽과 오른쪽의 혈흔은 형태와 크기에서 차이를 보인다. 왼쪽과 같이 아주 작은 혈흔이 고르게 튄 형태라면 총으로 살해한 흔적이라 볼 수 있다. 총에 맞을 경우 직경이 1mm도 되지 않는 피가 사방으로 튄다. 오른쪽은 칼을 이용하여 살해한 경우의 혈흔이다. 핏방울이 크고 찌그러진 모양 등 다양한 형태를 보인다.

만약 범인이 현장에 남은 핏자국을 닦았다 해도 루미놀 반응으로 흔적을 잡아낼 수 있다. 루미놀은 2만 배나 희석된 피에도 반응하기 때문에, 사건이 발생하고 2년이 지난 후에도 당시 신었던 신발에서 핏자국을 발견하는 일이 가능하다.

외상의 모양

추리 문제에서 범인을 특정할 때, 상처를 입은 자리에 남은 흔적인 상흔의 부위와 상흔의 방향, 크기와 깊이, 개수가 큰 역할을 한다. 전문 살인청부업자라면 한 번의 치명상으로 상대를 사망에 이르게 할 수 있겠지만 가해자가 경험이 부족하다면 이야기가 달라진다. 치명상을 입히지 못하는 사이 피해자의 저항으로 본인도 상처를 입게 되고, 피해자의 몸에 여러 차례 상흔을 남길 수밖에 없다. 완력이 부족한 사람이라면 상처를 한 번에 깊게 내지 못할 가능성이 높고, 주손에 따라 상처의 방향과 깊이가 달라질 수 있다. 또한 원한이 깊을수록 상흔을 많이 남긴다.

DNA를 확보할 수 있는 모든 것

앞서 언급한 영화 〈공공의 적〉에는 인상적인 장면이 있다. 부모를 칼로 살해한 아들. 하지만 칼을 다루는 게 미숙했던 아들은 자신이 휘두른 칼에 손톱이 부러지고 만다. 아직 숨이 붙어 있던 어머니는 잔악한 아들의 범죄를 숨기고자 바닥에 떨어진 아들의 부러진 손톱을 삼킨다. 이후 부검에서 이 손톱이 발견되면서 사건 해결의 결정적 단서가 된다.

체액과 타액, 손톱과 피부조직, 머리카락에서는 모두 DNA 검출이 가능하기 때문에 사건 해결의 결정적 단서가 된다. 2015년에 살인 사건의 공소 시효가 폐지되었는데, 과학기술이 날로 발전하면서 사건 당시에는 채취하지 못했던 DNA를 한참 시간이 흐른 뒤에 채취하거나, 제대로 판별되지 않았던 DNA 정보를 뒤늦게 파악하여 사건을 해결하는 경우가 늘고 있다. 추리물에서는 다른 사람의 타액이나 머리카락, 손톱 등으로 DNA 단서에 혼선을 주는 경우가 자주 등장한다.

족적과 지문

경찰청에는 모두 5만 종의 신발에 대한 족적 데이터베이스가 있다고 한다. 사건 현장에서 채취한 족적은 이 데이터베이스에 있는 족적과 비교하는 과정을 거친다. 족적은 사건을 이해하고 해결하는 데 우리 짐작보다 훨씬 결정적인 역할을 한다. 가령, 2015년 한 아파트에서 일어난 캣맘 사망 사건은 사건 초기 캣맘에 대한 분노 범죄를 의심하였으나 옥상 계단에서 발견한 족적으로 초등학생이 저지른 일임을 밝혀낼 수 있었다.

족적의 간격과 크기는 범인의 성별과 키를 유추하는 단서가 된다. 추리물에도 족적을 이용하여 범인을 추정하는 내용이 종종 등장한다.

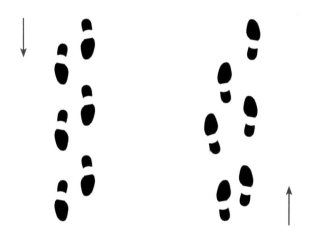

위의 족적을 보면, 안으로 들어올 때인 왼쪽의 족적은 보폭이 일정한데 나갈 때 족적인 오른쪽은 보폭이 좁다가 넓어지고 흩어지는 듯 불규칙하다. 이 경우 나가는 족적이 범행을 저지르고 도망가느라 주변을 살피며 불안하게 뛰어갔기 때문인 것으로 해석된다.

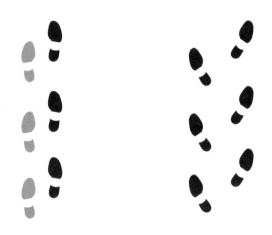

　다른 경우도 살펴보자. 왼쪽의 족적을 보면, 한쪽 발의 족적은 선명하고 다른 한쪽은 상대적으로 흐릿하다. 한쪽 어깨나 손에 무거운 짐을 들고 있었다면? 상대적으로 무게가 기우는 쪽의 족적이 진해질 것이라는 추측이 가능하다. 혹은 다리를 다친 사람일 수도 있다.

　오른쪽의 족적은 거꾸로 된 팔(八)자로 선명하게 찍혀 있다. 원래 걸음이 팔자인 사람도 있지만, 무거운 것을 두 손으로 받쳐 들 때 사람들은 무게 분산을 위해 팔자걸음을 걷는다. 시신을 이동시키거나 무거운 물건을 훔쳐서 달아난 족적이 아닐까 하는 의심을 할 수 있다.

　추리물에서 지문은 어떤 식으로 활용될까? 사건 현장에 지문이 남아 있지 않을 경우 오히려 수사관의 의심을 불러일으킨다. 가령, 피해자의 지문을 포함하여 어떠한 지문도 집 안
에 남아 있지 않다면, 가해자가 자신의 지
문을 지우는 과정에서 피해자의 것까지 지
웠을 가능성이 높다. 혹은, 용의자 중에서
직업 특성상 뜨거운 것을 자주 만지는 사람
이나 손을 많이 사용하는 사람이 있는지 살
펴보자. 이들의 경우 후천적 무지문증으로 현장에 지문을 남기지 않
았을 가능성이 높다. 선천적 무지문증은 매우 드문 경우이므로, 오히
려 후천적인 이유로 지문이 닳았을 가능성을 고려하는 편이 더 현실
적일 수 있다.

재미있는 상식 하나. 지문은 사람을 포함한 원숭이, 침팬지 같은 영
장류에게만 있는 것으로 알려져 있는데, 코알라에게도 지문이 있다는
사실. 코알라의 지문은 특히 사람의 지문과 꼭 닮아, 현미경으로 봐도
구분이 어렵다고 한다. 이상우 작가의 《악녀시대》라는 소설에서 코알
라의 지문을 활용한 트릭이 등장하기도 했다.

Quiz 1
할아버지의 이메일

"은하야, 여긴 어쩐 일이야?"

깜짝 놀란 듯한 이 경위의 목소리에 노 경감이 돌아보았다.

"오빠, 이게 대체 어떻게 된 일인지 모르겠어요. 흐흐흑……"

김은하. 25세. 이현석 경위의 옆집에 사는 여성으로, 이 경위 동생의 친구다. 경찰서에서 김은하와 마주친 이 경위는 당황했다. 법 없이도 살 거라는 칭찬을 넘어, 반드시 법의 보호가 필요한 친구라며 여동생이 늘 칭찬했기 때문이다.

"김은하 씨는 지금 목격자 진술 중이야. 신고자이기도 하고."

노 경감의 말을 듣고 나서야 이 경위는 그러면 그렇지 하고 고개를 끄덕였다.

컴퓨터에 능한 김은하는 평소 복지회관에서 자원봉사로 노인 분들에게 컴퓨터를 가르쳤다. 이때 알게 된 77세 김두출 씨는 혼자 사는 분으로, 자식들이 모두 외국에서 살고 아내도 일찍 세상을 떠나 유독 외로움을 많이 탔다고 한다. 김은하는 돌아가신 할아버지 생각에 이따금 김두출 씨와 이메일이나 전화를 주고받았고, 몸이 안 좋다고 할 때면 집에 들러 약을 전하기도 했다고 한다. 느지막히 배운 컴퓨터에 재미를 붙인 김두출 씨는 사나흘에 한 번 정도 김은하에게 이메일을 보냈다.

"할아버지께서는 타자가 서툴러서 한 시간씩 걸려서 서너 줄 정도의 짧은 이메일을 보내셨어요. 컴퓨터를 가르쳐줘서 고맙다며, 제가 보낸 답장을 확인하는 게 요즘 제일 큰 낙이라고 하셨어요."

오늘도 김은하가 퇴근을 하고 집에서 메일을 열어 보니, 김두출 씨의 메일이 도착해 있었다. 그런데 그 내용이 심상치 않았다.

은하 양.
난 이제 너무 외롭고 지쳤어.
아내가 있는 그곳으로 그만 가려고 하네.
그동안 많이 챙겨주고 신경써주어서 고맙네.
작별인사는 해야 할 것 같아 이렇게 몇 자 쓰네.
마음 착한 아가씨이니 좋은 배필 만나 행복하게 살게나.

그동안 정말 고마웠네.

죽어서도 잊지 않겠네.

깜짝 놀란 김은하는 서둘러 김두출 씨의 집을 찾아갔다. 하지만 이미 늦었다. 김두출 씨는 컴퓨터 앞에서 사망한 채 발견되었다. 피에 젖은 오른손에 마우스를 쥐고 있었고, 복부에는 칼이 꽂힌 채였다. 키보드도 피에 젖은 상태였다. 사인은 과다출혈. 수사 결과, 집에서 별다른 침입 흔적이나 용의자의 지문은 발견되지 않았다. 사망 추정 시간은 이메일을 발송한 시간과 거의 같았다.

"정말 자살인 걸까요? 그 이메일은 유서고?"

이 경위는 진술 도중 탈진한 김은하를 병원에 옮기고 돌아와 노 경감에게 물었다.

"그럴 리가. 타살에 무게를 싣고 제대로 조사해보자고."

노영욱 경감이 타살에 무게를 싣자고 한 이유는 무엇일까?

공원 살인 사건

"용의자는 모두 셋입니다."

　새벽 6시가 채 되기 전, 한적한 공원에서 살인 사건이 일어났다. 피해자는 23세의 여성으로 매일 아침 이 공원에서 조깅을 하던 여성이었다. 사인은 교살. 목에 가느다란 줄에 교살된 흔적만이 남아 있고, 일체의 다른 흔적은 없었다. 신고를 한 사람은 공원 입구에 들어서던 참이었는데, 멀리서 여자가 쓰러지고 남자가 도망치듯 날쌔게 달려가는 것을 보았다고 했다. 뭔가 느낌이 이상해서 다가가 보니 여자가 쓰러져 있었다고 했다.

　날도 흐려서 이날 새벽 6시를 전후하여 공원에 있었던 사람은 피해자와 목격자를 제외하고는 단 세 명. 사건을 먼저 확인한 이현석 경위가 노영욱 경감에게 그 시간에 공원에 있었던 세 명의 용의자에 대한 보고를 시작했다.

"첫 번째 용의자는 인근 술집에서 새벽까지 일을 하고 퇴근하던

바텐더입니다. 27세 남성으로 퇴근길에 늘 공원을 가로질러 간다
고 합니다. 언제나처럼 편의점에서 맥주 두 캔을 샀다고 합니다.
소지품은 구형 mp3플레이어와 이어폰, 지갑이 전부입니다. mp3
는 고장이 난 건지, 플레이는 되는 것 같은데 소리가 나지 않더군
요. 용의자의 손에는 여기저기 상처와 화상 자국들이 있었습니
다. 바텐더로 일하며 불쇼 같은 걸 하다 보니 부상이 잦아 상처와
화상 자국들이 많다고 합니다.

두 번째 용의자는 공원 관리자인데, 울타리 설치 때문에 새벽에
일찍 출근했다고 합니다. 울타리를 만드는 데 필요한 가느다란
밧줄을 가지고 있었다는 점에서 의심을 사고 있습니다. 발견 당
시 특이 사항은 울타리 설치 전에 창고에서 기계를 정비하다가

기름을 엎질러서 손이며 몸에 기름이 잔뜩 묻어 있었습니다. 또 교통사고 후유증으로 척추에 이상이 생겨 걸음걸이가 불편했고, 가만히 있을 때도 자세가 왼쪽으로 많이 기울어져 있었습니다. 장애인 채용으로 입사했는데 일을 잘해서 벌써 10년 넘게 일을 하고 있다고 합니다. 험한 일을 도맡아 하고 있어서 역시 팔과 손에 상처 자국이 많았습니다.

마지막으로 17세 남학생입니다. 학교에서 괴롭힘을 당하는 학생이라고 하는데, 괴롭히는 학생들이 새벽 6시에 민소매 셔츠에 반바지, 샌들을 신고 공원에서 낚시를 하는 인증샷을 찍어 보내라고 했답니다. 휴대폰과 낚싯대와 낚싯줄을 가지고 있었고 인증샷을 보낸 기록도 휴대폰에 남아 있었습니다. 손이나 팔에 별다른 상처 자국은 없었습니다."

"보고 끝났나?"
"네."
"그나저나 의심가는 사람이 하나 있군. 자네도 눈치챘지?"
"네, 그렇습니다. 아무래도 이쪽이 의심스럽습니다."
"옳거니. 이제 일을 좀 제대로 하는군."

노 경감과 이 경위가 유력한 용의자로 꼽은 사람과 그 이유는 무엇일까?

Quiz3

실족 사고의 진실

"헉, 헉, 헉!"

"이것 봐, 이 경위. 한창나이에 체력이 어째 그 모양인가. 쯧쯧."

60대 남성의 시신이 발견된 장소는 산세가 제법 험하다고 알려진 곳이었다. 정식 등산로가 아닌 곳에서 시신이 발견되는 바람에 노영욱 경감과 이현석 경위는 제대로 닦이지 않은 비탈길을 올라야 했다. 그런데 노영욱 경감은 땀 한 방울 흘리지 않고 산을 다람쥐처럼 올라갔다. 잠복근무를 사흘이나 한 이 경위는 영 힘에 부쳤다.

부서지는 돌과 뾰족하게 솟아오른 돌부리를 피하며 한참을 올라가자 폴리스 라인이 보였다.

"보고 드립니다. 최초 신고가 들어온 건 오후 3시경입니다. 신고를 한 사람은 등산 마니아여서 평소에도 정식 등산로가 아니라 옆으로 나 있는 험한 길 쪽으로 자주 산을 올랐다고 합니다. 그런데 자신이 가던 험한 코스로 자신보다 약 100여 미터 앞서 걷던 사람이 있었다고 합니다. 자신과 같은 등산 마니아라 생각하고 산을 오르던 중에 앞서 있던 등산객이 굴러떨어지는 걸 보고 놀라 신고를 했다고 합니다. 하지만 산세도 험하고 등산로가 아닌 코스라서 구급대가 도착했을 때는 이미 등산객이 숨을 거둔 상태였습니다.

그런데 신고자가 진술하는 과정에서 보인 태도에 수상한 점이 있었습니다. 앞서 가던 등산객이 실족한 걸 보고 놀라 신고한 거라고 하기에는 놀라울 정도로 침착했고, 굴러떨어진 사람을 일으켜 세우거나 흔들어보거나 하는 시도도 하지 않았습니다. 신고자 말로는 그렇게 했다가는 더 위험할 수도 있을 것 같아서 하지 않았다고 하는데, 태도나 진술이 아무래도 수상하여 강력계로 요청을 드렸습니다. 신고자는 현재 경찰서로 이동하여 수사를 받고 있습니다."

노 경감은 현장을 지키고 있던 최초 출동 순경이 숨가쁘게 현황을 보고하는 것을 잠자코 지켜보았다. 순경이 다시 보고를 이어갔다.

"제가 파악해본 바로는, 사망자는 약 50m를 굴렀을 것으로 추정됩니다. 시신 발견 당시 45m 정도의 비탈길에 혈흔이 이어져 있었고, 시신이 발견된 지점으로부터 5m 전부터는 별도의 혈흔이 발견되지 않았습니다. 아, 피에 젖은 손수건 한 장이 발견되었습

니다. 피해자의 머리에는 심각한 타박상과 두개골 함몰로 추정
되는 외상도 발견되었습니다. 굴러떨어지면서 머리를 뾰족한 돌
에 세게 부딪힌 것이 아닐까 추정됩니다. 몸 쪽은 옷에 흙이 많이
묻어 있었을 뿐, 눈에 띄는 외상은 없었습니다."

"수고했네, 김 순경. 이 경위, 당장 경찰서로 가지. 이 사건은 단
순한 실족 사고가 아니야. 그 최초 신고자를 만나서 얘길 나눠봐
야겠어."

노 경감이 실족 사고가 아니라고 판단한 근거는 무엇일까?

Q1

키보드와 마우스가 피에 젖어 있다는 건, 복부에 칼을 찌른 후 손에 피가 묻은 채로 키보드를 쳤다는 걸 의미한다. 메일을 보낸 시간과 사망 추정 시간이 거의 일치한다는 건 복부에 칼을 찌른 채로 타자를 치고, 다 친 다음 전송 버튼까지 누른 후에 숨이 멎었다는 뜻이 된다. 그런데 고령의 김두출 씨는 컴퓨터 타자 속도가 한 시간에 서너 줄을 간신히 치는 정도였다. 앞서의 유서 길이로 보아 오랜 시간 피를 흘리며 정확히 타자를 친다는 건 논리적으로 성립이 안 된다. 그래서 누군가 김두출 씨를 죽인 후 유서 형태의 이메일을 대신 보냈거나, 김두출 씨가 이메일을 보낸 시점에 타살을 당했다고 보는 편이 설득력이 있다. 그리고 자살로 위장하는 과정에서 키보드나 마우스 등에 피를 묻힌 것이라는 의심도 가능하다.

Q2

가장 유력한 용의자는 바텐더이다. 한 명씩 살펴보도록 하자.

우선, 공원 관리인의 경우 기름이 몸에 묻은 상태였다. 가지고 있던 밧줄로 교살하더라도 이미 손에 묻은 기름 흔적을 피해자의 몸에 전혀 남기지 않고 죽이기란 어려웠을 것이다. 또한 척추에 장애가 있다고 하니 날쌔게 뛰어가기도 어렵다. 이런 이유로 범인으로 의심하는 것은 무리다.

17세 남학생은 낚싯줄을 가지고 있다는 점이 의심스럽지만, 낚싯줄은 매우 가늘고 미끄럽다. 상대의 목에 낚싯줄을 강하게 감기 위해서는 자신의 손에 먼저 감고 힘을 주는 과정에서 자국이 남을 수밖에 없다. 집에 있는 가장 가느다란 실로 무언가를 감고 당겨보면 알 수 있을 것이다. 심지어 민소매에 반바지 차림이었으니, 옷이나 다른 무언가로 낚싯줄을 감싸고 교살하기도 어려웠을 것이다.

결정적으로, 바텐더의 mp3플레이어가 전원이 들어오는데도 음악이 들리지 않았다고 했다. 소리가 나지 않으면 무용지물인 mp3플레이어와 이어폰을 가지고 있는 것 자체가 의심스러운 일이거니와, 이 경우 mp3플레이어가 아니라 이어폰 문제임을 짐작해볼 수 있다. 이어폰 줄이 피해자의 목을 조르는 데 이용되었을 것으로 의심된다. 이어폰의 외피는 고무와 같은 탄성을 가진 재질이라 별로 훼손되지 않았지만, 속의 전선들은 끊겼졌을 가능성이 높다. 보통 mp3플레이어는 자체 스피커가 없이 이어폰으로만 들어야 한다. 이 경위의 다음 행동은 다른 이어폰을 연결하여 플레이어 고장인지 이어폰 고장인지를 확인하는 일이 될 것이다.

Q3

우선 시신을 살펴보자. 시신은 머리에 손상이 있었고, 옷에는 흙먼지가 많이 묻어 있는 상태였다고 했다. 만약 실제로 사람이 산비탈을 50m나 굴렀다면 옷도 찢어지고 몸에 상처가 나는 건 당연한 일이다. 심지어 돌부리가 많아 오르기 힘든 산이라고 했다. 그럼에도 불구하고, 그 산에서 굴러떨어졌다는 피해자의 몸에는 외상이 없고 옷만 흙투성이라는 것은 말이 안 된다.

그다음으로 혈흔이 45m 이어지다가 시신이 발견된 지점 5m 전부터는 없다는 것도 이상한 대목이다. 혈흔이 전체적으로 띄엄띄엄 발견될 수는 있지만 딱 5m 앞에서부터 끊겼고, 그 지점에서 손수건이 발견되었다는 게 수상하다. 이 경우, 피해자는 시신 상태로 발견된 그 위치에서 살해당했고, 가해자는 산 위로 올라가 살해 도구로 사용한 피 묻은 돌을 손수건에 싸서 굴려서 실족사의 혈흔을 조작하려 한 것으로 보인다. 그런데 그 돌이 굴러 내려와 엉뚱한 곳으로 갔고, 돌을 쌌던 손수건만 발견된 것인지도 모른다. 그러니까 혈흔이 피해자가 구른 궤적과는 무관할 수도 있는 것이다.

여러 모로 최초 발견자가 의심스러운 사건이다.

Lesson 6

Let's find a clue

암호와
다잉 메시지를
절대 놓치지
마라

의심의 시작

살해 현장에서 발견한

알 수 없는 다잉 메시지,

범행 현장에 있는

평범하지만 뜬금없는 글귀,

살해된 사람의 손가락이 누르고 있는

키보드의 자음과 모음.

해독하라,

암호가 사건을 해결할 것이다.

암호는 왜,
어떻게 만들어지는가?

숨겨진 뜻을 찾아라, 암호

1966년, 미군 전투기 조종사로 베트남전에 참전한 제레미 앤드류 덴튼은 작전 중 불행히도 전쟁 포로가 되었다. 북베트남 정권은 미군의 잔학상을 알리겠다며 덴튼을 TV 기자회견에 출연시켰다. 덴튼은 베트남 정부가 시키는 대로 기자회견에서 미군의 침공을 성토하는 이야기를 하였다. 하지만 미군은 덴튼의 이러한 발언이 고문에 의한 것임을 이내 알아차렸다. 어떻게 된 일일까? 덴튼은 기자회견을 하며 눈을 깜빡이는 방법으로 모스 부호를 표현했다. 그가 보낸 모스 부호는

T-O-R-T-U-R-E, 즉 고문이라는 메시지였다. 긴박한 상황에서 그는 모스 부호를 통해 미국에 자신의 처지를 알렸다.

암호의 종류

암호의 종류를 크게 나누어보자면, 메시지를 아무나 알아차리기 어려운 방식으로 표현하는 방법과 메시지를 감추어 전달하는 방식으로 나눌 수 있다. 전자는, 2차 세계대전 당시 미군이 전 세계적으로 해독할 수 있는 사람이 거의 없는 북아메리카 원주민 나바호족의 언어를 군사 용어로 사용하여 도청을 대비한 경우를 들 수 있겠다. 그밖에도 여러 표기법이 있는데, 다음 장에서 자세히 다루겠다. 후자의 예는 고대 그리스에서 사용한 방법을 들 수 있는데, 그들은 비밀스러운 내용을 전달할 때 노예의 머리를 삭발하여 전달해야 할 내용을 문신하고 머리카락이 자라길 기다렸다가 노예를 보내 알렸다고 한다.

동서고금을 통틀어 암호의 예는 무궁무진하다. 북한군이 방송을 통해 별 의미가 없어 보이는 숫자의 나열인 난수를 스파이에게 메시지 전달용으로 방송한 사례, 독일군이 암호를 만들고 해독하는 데 '에니그마(Enigma)'라고 불리는 일련의 기계를 사용한 사례부터 경찰이 주고받는 무전상의 암호 등 시대와 국경, 전시와 일상을 가리지 않고 암호는 존재해왔다.

하지만 추리 문제에서는 전문적이거나 기계적인 암호를 사용하지

는 않는다. 역사 속의 암호, 피해자의 상황을 알면 풀 수 있는 다잉 메시지, 문장의 초두 글자만 읽거나 일정한 규칙대로 읽으면 풀 수 있는 암호 등 비교적 난이도가 낮은 문제들이 등장하니 긴장을 풀고 차분히 살펴보면 누구라도 풀 수 있다. 그럼 지금부터 추리 문제에서 자주 등장하는 암호를 살펴보도록 하자.

추리물에 등장하는 기본 암호들

다잉 메시지 단골 출제, 치환 암호

치환 암호는 글자를 다른 글자로 바꾸는 형태의 암호이다. 알파벳을 몇 글자씩 뒤로 밀어내어 표기하는 식인데, 로마 공화정의 정치가였던 율리우스 카이사르가 가족이나 가까운 사람들에게 중요한 메시지를 전할 때 사용한 방법이어서 '카이사르 암호', '시저 암호'라고도 불린다.

가령, 알파벳을 표기할 때 세 개씩 뒤의 글자로 대치하여 표기하면 이것이 바로 치환 암호이다. APPLE을 이 규칙대로 암호화하면

DSSOH로 표기하게 된다. 알파벳을 이용한 치환 암호는 알파벳의 숫자가 26개에 불과하여 비교적 해독이 쉬우므로 초심자를 위한 추리 문제에서 다잉 메시지 암호로 자주 사용된다.

스파르타 군인들의 암호, 전치 암호

치환 암호가 일정한 규칙에 따라 글자를 바꾸는 방식이라면, 전치 암호는 각 단어의 알파벳의 순서를 뒤바꾸는 방법이다.

이 같은 방식은 기원전 400년 전 고대 그리스에서도 사용되었다. 스파르타의 군인들은 전쟁에 나가는 사람도, 본국에 남는 사람도 같은 굵기의 원통형 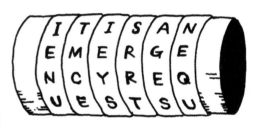 막대, 일명 '스키테일(Scytale)'을 나눠 가졌다. 그리고 서로에게 전할 메시지가 있을 때 원통에 가늘고 긴 종이를 감아 글씨를 가로쓰기 방식으로 종이 면에 꽉 차게 쓴 후 종이를 풀면 전혀 엉뚱한 글이 되는데, 이를 암호로 사용한 것이다.

가령, 긴급 상황이 발생하여 본부에 지원을 요청한다고 해보자. 스키테일에 종이를 감고 'IT IS AN EMERGENCY. REQUEST SUPPORT.'를 띄어쓰기나 문장 부호 없이 그림과 같은 배열로 쓴다.

그런 다음 이 종이를 풀면? 'IENUPTMCEPIEYSOSRRTRAGEST NEQU'라는 알아볼 수 없는 글자의 나열이 된다.

이 종이를 전달받은 쪽이 같은 굵기의 막대에 감아야만 해독을 할 수 있는 것이다. 이 스파르타의 오래된 암호에 기인하여 전치 암호 중 막대에 감아서 해독하는 것을 '스키테일 암호'라고 부른다.

책 속에 숨은 암호, 오텐도프 암호

영화 〈내셔널 트레져〉에는 간단한 암호 체계를 활용하여 독립기념문에 감춰진 암호를 해독하는 장면이 나온다. '오텐도프'라고 불리는 이 고전 암호는 특정 문구나 특정한 책에서 특정 쪽수, 특정 줄, 특정 칸에 있는 철자나 단어를 조합하여 암호를 생성하고 해독하는 기법이다. 가령, '128-32-8'이라고 적혀 있는 암호문이라면 특정한 책의 128쪽 서른두 번째 줄 여덟 번째 단어가 그 답이 된다.

추리 문제의 단골, 모스 부호

인터넷은커녕 전화조차 없던 시절, 모스 부호는 획기적인 통신수단이었다. 모스 신호는 전용 신호기를 이용하여, 알파벳과 숫자를 장음(─)과 단음(·)으로 구분하고 정리한 약속에 따라 긴 전류와 짧은 전류를 통해 송신하는 방식이다. 한글도 모스 부호로 표기할 수 있다.

장음과 단음이라는 구성의 단순함 때문에 앞서 얘기한 전쟁 포로의

경우처럼 실제 상황에서 많이 사용되었다. 세월이 지나 모스 부호를 이용하여 통신을 주고받는 경우는 대부분 사라졌지만, 추리 문제에서는 비밀스럽게 메시지를 주고받는 방법으로 곧잘 등장한다.

영화가 사랑한 암호, 에너그램

에너그램이란, 어떠한 단어나 문장의 철자를 재배열하여 새로운 문장이나 단어를 만드는 방식의 암호이다. 이때 암호로 만들어진 문장이 아무 글자나 늘어놓은 듯한 모습이 아니라 의미를 가진 단어의 조합이라면, 그것이 암호라는 사실조차 알아채기 어렵다.

에너그램은 〈다빈치 코드〉, 〈해리 포터와 비밀의 방〉과 같은 소설과 영화뿐만 아니라, 드라마 〈성균관 스캔들〉에서도 등장했다. 가령, TIME을 다르게 조합하면 ITEM이, NOTES를 조합하면 STONE이 된다. 이런 식의 조합은 얼마든지 많은데, 〈해리 포터와 비밀의 방〉에서는 일기장에 톰 마볼로 리들(TOM MARVOLO RIDDLE)이라고 써놓은 이름이, 실은 볼드모트 경(I AM LORD VOLDEMORT)의 에너그램이라는 걸 알고 놀라는 장면이 등장한다. 이처럼 암호인지도 알 수 없었던 단어나 문장이 암호인 것을 알아차리게 되는 과정이 극적이다 보니, 영화나 드라마, 소설에서 자주 등장하게 된 것이다.

추리 문제의 감초, 다잉 메시지

다잉 메시지란?

갑작스러운 공격에 치명상을 입은 피해자가 숨이 넘어가기 직전, 가해자가 눈치채지 못하게 단서를 남긴다. 자신의 피를 손가락에 묻혀 이해할 수 없는 글씨를 쓰기도 하고, 손가락으로 특정 위치를 가리키기도 한다. 그리고 운 좋게도 명석한 수사관이 이 단서를 수상히 여겨 조사한 끝에 의미를 해독하고, 범인을 잡기에 이른다. 숨이 넘어가기 직전에 있는, 혹은 살해당할 위험에 빠진 사람이 쉽사리 눈치챌 수 없는 형태로 범인에 대한 단서나 자신이 처한 상황에 대한 메시지를 남긴 것을 통칭하여 '다잉 메시지'라 한다.

추리물에서는 다잉 메시지 문제가 정말, 너무, 자주 등장한다. 이 문제들은 푸는 재미를 주기 위해 때때로 과장된 설정이 가미되는데, 그래서 푸는 사람들은 "사람이 죽기 전에 저런 준비를 한다고?", "저럴 정신이 있으면 차라리 탈출을 하든가!" 하는 한탄이 나온다. 그럼에도 푸는 재미만큼은 확실하기에 어느새 집중하여 풀게 된다.

다잉 메시지는 그 종류가 워낙 다양하기 때문에 여기서 그 모두를 설명하기는 어렵다. 하지만 자주 등장하는 몇 가지를 살펴보면 문제를 해결하기 위해 무엇에 집중하면 되는지 감을 잡을 수 있을 것이므로 여기에 몇 가지 유형을 정리해놓았다.

다잉 메시지 해독

현장에 다잉 메시지를 남기는 가장 보편적인 방법 두 가지를 소개하겠다. 하나는 사건 장소 주변에 있는 물건을 쥐거나 숨겨 그 물건이 의미하는 것을 유추하게 하여 범인을 지목하는 경우, 다른 하나는 알 수 없는 암호 형태의 메시지를 남겨 그것에 담긴 의미를 풀게 하는 경우이다. 위의 두 경우 모두 포인트는 범인이 그 다잉 메시지를 본다고 해도 수상쩍게 여기거나 파기할 위험이 없어야 한다는 것이다.

다잉 메시지를 풀려면 먼저 현장에 남겨진 증거들을 잘 살펴야 한다. 피해자가 무언가를 손에 쥐고 죽었다거나, 몸 밑에 무언가를 깔고 죽었다거나, 주머니에 쪽지나 어떤 물건이 있다거나, 피로 무언가를 써놓았다면, 그것은 다잉 메시지를 풀라는 출제자의 신호나 다름없다.

먼저 주변 물건을 사용하여 다잉 메시지를 남긴 경우를 예로 들어 보겠다.

예제 1)

서재에 놓여 있던 모래시계를 손에 쥐고 죽은 피해자. 아래는 용의자 목록이다.

ㄱ. 이동원: 피해자에게 돈을 빌려 아직 갚지 못했다.
ㄴ. 김신영: 피해자의 전 여자친구

155

ㄷ. 서진서: 피해자의 여자친구

ㄹ. 안재승: 피해자의 동업자

눈치챘겠지만, 범인은 서진서이다. 모래시계의 특징은 위와 아래의 구분이 없다는 것. 때문에 거꾸로 읽어도 똑같은 이름이 되는 서진서가 범인임을 암시한 것이다.

다음은 피해자가 단어 등을 적어놓고 사망한 경우이다.

예제 2)

꽃집을 운영하던 P사장. 어느 날 살인 사건의 희생자가 되었고, 주변에서 점포를 운영하던 4명의 용의자가 용의선상에 올랐다. 현장에는 피해자가 남겨놓은 다잉 메시지로 보이는 쪽지가 발견되었다. 이 메시지는 누구를 범인으로 지목하고 있을까?

ㄸ 뚜 ㅁ ㄸ ㄸ

ㄱ. 피해자가 손톱 관리를 받던 네일아트 사장

ㄴ. 며칠 전 싸운 경쟁 꽃집 사장

ㄷ. 피해자가 자주 찾던 비빔밥집 사장

ㄹ. 이웃처럼 지내던 조개구이집 사장

범인은 비빔밥집 사장이다. 책을 반시계 방향으로 90도 돌려서 보면 바로 눈치챌 수 있겠지만, '따뚜ㅁ뜨뜨'라는 쓰다 만 듯한 상태의 메시지는 '비빔밥'이라는 다잉 메시지를 세로쓰기한 것이다.

두 가지 예제 모두 워낙 유명하고 고전적인 문제지만, 다잉 메시지의 핵심 아이디어가 위와 같다는 것을 인지한 채 문제를 풀어보면 분명 도움이 될 것이다.

이처럼 다잉 메시지가 범인을 직접적으로 말해주기도 하지만, 대부분 '다잉 메시지는 사실일 것'이라고 믿는 경향이 있기 때문에 범인이 다잉 메시지를 조작하는 경우도 배제할 수 없다.

Quiz 1
편의점 아르바이트생의 메시지

"어디에 있다가 지금 오는 거야!"

노영욱 경감의 불호령에 이현석 경위는 전날 잠복근무로 몰려오던 잠이 확 달아났다. 분명 어제 잠복근무를 같이 했는데, 노 경감은 도대체 뭘 챙겨 먹기에 에너지가 남아도는 걸까? 이해가 가지 않았다.

CCTV마저 고장난 유흥가 한모퉁이의 작은 편의점에서 강도 사건이 발생했다. 범인은 가게를 지키던 아르바이트생을 흉기로 찌르고 현금을 털어 갔다. 편의점 안에 있던 현금입출금기의 돈까지 털어 가서 피해 금액이 적지 않았다. 아르바이트생은 강도가 휘두르는 칼에 중상을 입어 병원에 입원한 상태. 그런데 병원으로 이송되던 중 "포스……"라고 말하고는 의식을 잃었다고 한다.

'포스라면 편의점에서 사용하는 계산기를 말하는 거겠지?'

이 경위가 이런 생각을 하며 계산대 쪽을 바라보니, 이미 노 경감이 포스를 확인하고 있었다. 노 경감의 표정은 피식 웃는 듯 보였다.

'사건 현장에서 뭐가 좋다고 웃는 거야.'

이 경위는 속으로 잔뜩 툴툴거리며 계산대 쪽으로 갔다.

"아르바이트생이 아주 귀여운 단서를 남겼어. 빨리 의식을 회복해야 할 텐데."

포스에는 710이라는 숫자가 찍혀 있었다. 이 숫자가 의미하는 건 무엇일까?

경찰이 되고 싶다고?

"삼촌, 나도 경찰이 될 거야. 전설의 강력계 형사 이준, 멋있겠지? 자신의 범죄를 자랑하기 위해 암호를 남겨둔 지능범들도 막 잡아내고!"

오래간만에 맞은 휴일이라 늘어지게 잠이나 자려고 했던 일요일 아침, 갑자기 들이닥친 초등학교 5학년 조카. 이 경위는 감기는 눈을 억지로 뜨면서 속으로 신세타령을 했다. 어린 조카의 꿈이 경찰이라니 뜯어말리고 싶은 심정이었지만 삼촌을 자랑스러워하는 눈빛이 고맙기도 했다. 하지만 한시도 가만히 있지 못하는 조카를 상대하다가는 남아 있는 에너지마저 다 바닥날 지경이었다.

'일단 이 녀석을 좀 조용히 있게 하려면 어떻게 해야 할까?'

이 경위는 고민 끝에 조카에게 문제를 내기로 했다.

Lesson 6. 암호와 다잉 메시지를 절대 놓치지 마라

"경찰이 되고 싶으면 이런 문제도 척척 풀 줄 알아야 해. 이 암호 다 풀면 삼촌 깨워. 못 풀면 깨우지 말고!"

이 경위는 조카에게 이 정도면 충분히 어렵겠다 싶은 문제를 내고 다시 쿨쿨 잠이 들었다.

이 경위가 조카에게 낸 문제를 풀어보자.

---

frph wr wkh jdughq lq vsulqj

wkhuhv zlqh dqg vzhhwkhduwv

lq wkh srphjudqdwh eorvvrpv

li brx frph wkhvh zloo qrw pdwwhu

li brx gr qrw frph wkhvh zloo qrw pdwwhu

Quiz3
마스크를 쓴 피해자

살인 사건이 일어난 곳은 입시학원 상담실이었다. 특목고 입학을 전문으로 상담하는 이른바 컨설팅 전문 학원이었고, 피해자는 상담실장이었다.

현장에 도착하자 코를 찌르는 피 냄새에 고개가 절로 돌아갔다. 속이 울렁거릴 정도의 냄새. 이 경위는 숨을 참으며 현장에 들어섰다. 사건 경위를 어느 정도 파악했을 때쯤 노영욱 경감이 현장에 도착했다.

"시신은 이미 옮겨 간 건가?"
"네. 발견 당시 사진은 확보해두었습니다."

이 경위는 성질 급한 노 경감의 불호령이 떨어지기 전에 빠르게 사건 경위를 보고했다.

"특목고 입학 관련 고액 컨설팅을 하는 학원으로 학부모들 사이

에 유명한 학원이고, 피해자 역시 시간당 상담료로 기십만 원을 받는 전문 컨설턴트라고 합니다. 진학 전까지 수십 회 상담받는 경우도 많다고 하니, 학부모들의 부담이 상당했을 것 같습니다. 제 추측에는 상담을 받은 후에도 학교에 진학하지 못한 학생의 학부모가 앙갚음을 한 것이 아닌가 싶습니다. 피해자가 오늘은 감기가 심해 상담을 모두 취소했다고 합니다. 점심시간에도 입맛이 없다며 혼자 상담실에 남아 있다가 변을 당한 것으로 보입니다. 여기 사진을 보시면 피해자의 마스크에 피로 X 표시가 되어 있고, 그 옆에 한자로 目古四라고 적어놓았습니다."

"학부모가 용의자일 수 있다는 말이군. 일리가 있는 지적이야. 피해자의 다잉 메시지와도 잘 맞아떨어지는 추리고. 상담 회원 명부 가져와. 확인을 좀 해야겠어. 그나저나 이 피해자에 대해 여러 모로 궁금해지는군. 한자를 이용한 트릭으로 다잉 메시지를 남기다니, 특이해."

노 경감이 파악한 다잉 메시지의 의미는 과연 무엇일까?

| 해설 |

Q1

포스에 찍힌 숫자의 형식을 유추해 보면 문제 해결이 쉽다. 포스에 찍힌 숫자 710을 뒤집어 보자. OIL, 즉 기름과 관련된 사람이 범인일 가능성을 말해주고 있다. 사건을 수사한 결과, 범인은 근처 주유소에서 일하는 사람이었다. 강도의 인상착의를 알아본 아르바이트생이 기지를 발휘하여 작은 단서를 남겨놓았던 것이다.

Q2

전형적인 치환 암호 문제로, 알파벳 세 자리를 뒤로 옮겨 만든 암호 문장이다.

> come to the garden in spring
>
> theres wine and sweethearts
>
> in the pomegranate blossoms
>
> if you come these will not matter
>
> if you do not come these will not matter

해석된 문장은 페르시아의 시인이자 법학자인 잘랄루딘 루미의 시 '봄의 정원으로 오라(Come to the garden in spring)'이다.

Q3

마스크를 쓴 피해자의 입에 X 표시가 되어 있었다. 즉 입을 없애라는 뜻. 한자 目呇四에는 모두 입 구(口)자가 포함되어 있다. 目呇四에서 口를 모두 빼면 二十八이 된다. 피해자가 남긴 메시지는 숫자 28. 노 경감이 명부를 가지고 오라고 한 건 회원관리번호 28번 학부모를 확인하기 위해서였다.

Lesson 7

Let's find a clue

탐정은 어떻게
추리하나

의심의 시작

여러 명의 용의자 가운데

특정 몇 명이

거짓말을 하고 있는 상황에서

진짜 범인을 맞춰보라는

문제가 등장한다면?

연역법, 귀납법, 소거법으로

접근해보자.

추리의 기본,
연역법과 귀납법

추리란 결국, 우리가 알고 있는 것을 바탕으로 알지 못하는 것을 미루어 생각하는 것이다. 그래서 논리를 펼 때 사용하는 연역법과 귀납법이 추리에서도 그대로 적용된다. 일상생활에서 목이 꽉 잠긴 사람을 보면 목감기가 걸렸다고 생각하거나 몹시 피곤한가 보다 하고 미루어 짐작하는 것, 출근길에 옷도 제대로 여미지 못하고 머리카락이 채 마르지 않은 사람을 보면 집에서 급하게 나온 모양이라고 짐작하는 것 등은 우리의 경험에서 나온 정보를 바탕으로 연역법과 귀납법으로 추론하는 것이고, 모두 추리의 한 예이다.

> **연역법** : 보편적이고 일반적인 전제에서 특수한 결론이나
> 주장을 이끌어내는 것
>
> (예) 사람은 죽는다. – 소크라테스도 사람이다. – 소크라테스는 죽
>   는다.
>
> **귀납법** : 구체적 사실로부터 일반적 사실을 이끌어내는 것
>
> (예) 소크라테스는 죽었다. – 아리스토텔레스도 죽었다. – 소크라테
>   스와 아리스토텔레스는 사람이다. – 사람은 죽는다.

탐정도 우리와 마찬가지로 추리를 할 때 연역법과 귀납법을 모두
사용한다. 어떤 식으로 활용되었는지 함께 살펴보자.

브라운 신부의 연역 추리

영국 고전 추리소설의 대표 작가 가운데 하나인 체스터턴(G.K.
Chesterton)이 탄생시킨 캐릭터인 브라운 신부는 대표적인 연역 추리
탐정이다. 50대로 추정되는 브라운 신부는 자신의 짧지 않은 인생 경
험과 신부라는 직업에서 기인한 종교적 통찰력을 바탕으로 범인의 심
리를 꿰뚫고 이를 바탕으로 결론을 이끌어낸다. 그는 언제나 치밀하
고 침착하여 사건을 둘러싼 다양한 정보들을 날카롭게 관찰하고 신중
하게 결론에 도달한다.

브라운 신부가 주로 이용하는 방법은 자신이 범인이라면 어떻게 범행할 것인가를 생각하며 추리하는 것이다. 그는 오랫동안 성직자 생활을 하면서 범죄자들의 고백을 직접 들을 기회가 많았고, 그들이 어떤 심리 상태로 왜 범죄를 저지르는지 알 수 있었다. 그래서 사건을 만날 때마다 바로 그 범죄자의 심리 상태에 감정이입하고, 그가 세웠을 논리를 간파하여 사건을 해결한다.

브라운 신부 시리즈 중 단편 《부러진 검의 의미》에는 무시무시한 내용이 나온다. 배경은 영국. 전투를 늘 승리로 이끌었던 한 장군이 있다. 그런데 이 장군이 지휘한 한 전투에서, 잘못된 작전 하나 때문에 수많은 아군이 죽게 된다. 과연 그 장군의 판단 착오로 수많은 아군들이 목숨을 잃게 된 것일까? 브라운 신부는 그게 아니라고 말한다. 그리고 묻는다. 똑똑한 사람이 나뭇잎을 숨긴다면 어디에 숨기겠냐고. 숲속에 숨기지 않겠냐고. 하지만 숲이 없으면 어떻게 하겠냐고 또다시 질문을 던진 브라운 신부는 "숲이 없으면 숲을 만들겠지."라고 스스로 답하며 그것은 끔찍한 죄악이라고 한다. 이 대목에서 독자들은 등골이 오싹해진다. 이어지는 내용을 보면, 사사로운 이유로 자기 수하의 군인을 제거하고자 마음먹은 장군은 일부러 실패 가능성이 높은 작전을 세워서 수많은 아군을 죽게 한 것이고, 이로 인해 자신이 죽이고자 한 군인의 죽음은 다른 수많은 군인의 죽음에 덮여, 누구도 장군의 의도적이고 간접적인 살인을 알 수 없게 된다. 이를 연역법으로 정리해 보자.

대전제

장군은 매우 유능하여, 그가 지휘한 전투에서 아군이 많이 사망한 적이 없다.

소전제

장군이 지휘한 이번 전투에서만 많은 아군이 사망했다.
장군이 이번 작전만 무능하게 계획했을 리 없다.

결론

그러므로 이번 작전은 의도한 것이다.

연쇄 살인의 패턴을 읽어내는 귀납 추리

살인 사건이 일어났다고 가정하자. 그런데 6개월 사이 일어난 다른 살인 사건들과 범행 대상, 범행 시간대, 범행 장소, 범행 수법 등에서 공통점이 세 가지 이상 발견되는 살인 사건이 모두 다섯 건이었다. 수사팀은 이를 연쇄 살인 사건으로 보고 수사에 나선다.

수사팀이 연쇄 살인을 판단한 방법이 바로 귀납 추리이다. A살인 사건은 새벽 2시경 혼자 귀가하는 20대 여성을 뒤에서 교살한 뒤 한강 둔치에 버린 사건이다. B살인 사건은 새벽 2시 30분경 혼자 귀가하는 20대 여성을 역시 교살한 뒤 인근 하천에 버린 사건이다. 이런 식으로 범행 대상, 시간대, 수법, 시신 유기 장소 등에 있어 공통점을 정리하였을 때 유사성이 다수 발견되면 같은 용의자에 의한 범행일 수 있다는 결론을 얻는 것이 귀납적 사고다.

귀납 추리의 핵심은 공통점을 찾는 것이다. 'A가 공부를 잘하고, B가 공부를 잘하고, C가 공부를 잘하는데, 셋 다 D대 학생이라면 D대 학생은 모두 공부를 잘한다'라는 식으로 결론을 내는 것이 귀납적 추리이다. 따라서 귀납 추리는 성급한 일반화의 오류를 저지르기 쉽다.

추리를 할 때는 연역 추리와 귀납 추리를 동시에!

전제1

왼손잡이는 대부분 권총 자살을 할 때 왼손에 총을 잡고, 왼쪽 관자놀이를 쏘아 자살한다.

위와 같은 전제가 가능한 것은 그동안 수많은 권총 자살 사건에서 왼손잡이들이 자살할 때 그렇게 했기 때문이다. 귀납법으로 완성된 전제이다.

전제2

피해자는 왼손잡이인데, 오른손에 권총을 쥐고 있고, 오른쪽 관자놀이에 관통상을 입었다.

결론

피해자는 자살한 것이 아니다.

대전제인 전제1과 소전제인 전제2로 인해 결론에 도달한 것으로, 이는 연역법이 사용된 것이다.

우리는 추리 영화를 볼 때 연역적으로 하나씩 가능성을 제거하며 남은 한 가지 가능성에 집중하여 내용을 이해한다. 그런데 이 한 가지 가능성에 반전의 요소를 불어넣은 작품을 볼 때 감탄하게 된다. 분명 A는 범인이 아니라는 것을 연역법으로 유추했는데, A가 범인인 상황이 튀어나와 결과적으로 연역했던 모든 것을 뒤엎어버릴 때, 반전의 재미가 폭발한다. 최고의 반전 영화로 손꼽히는 〈유주얼 서스펙트〉를 생각하면 이해하기 쉬울 것이다.

Lesson 7. 탐정은 어떻게 추리하나

연역법과 귀납법은 제시된 사실을 통해 확실한 답을 찾는 방법이다. 하지만 추리 문제를 해결하기에는 역부족이다. 왜냐하면 추리는 '가설'에서 출발하기 때문이다. 연역법과 귀납법은 가설을 세우기보다는 논리적인 해답을 얻을 때 유효한 방법이기에 한계가 있다. 그래서 추리물에 등장하는 탐정들은 연역법이나 귀납법보다는, 가설을 만들기 위한 새로운 추리법을 선호한다. 바로 가추법이다.

02

탐정은 가추법으로 추리한다

가추법은 가설 추론을 줄여 말하는 것으로, 핵심은 '가능성이 높은 추론'에 있다. 새로운 사실을 밝혀내거나 전제에 논리적 정당성을 부여하는 것이 아니라, 그럴 가능성이 높은 가설을 세우고 그 당위성을 증명하는 것으로, 현상을 있는 그대로 관찰하여 단서가 되는 것을 수집한 다음, 그 현상을 가장 잘 설명할 수 있는 가설을 도출해내는 것이다. 설명이 어려워 보일지 모르지만, 사실 별 것 아니다. 다음의 예를 보자.

Lesson 7. 탐정은 어떻게 추리하나

한 달 넘게 연락이 닿지 않던 친구를 만났다. 여자친구와 헤어지기라도 한 걸까? 실연의 아픔으로 집 안에만 틀어박혀 있었나? 하긴, 그전에도 워낙 여자친구와 마찰이 많아서 괴로워했으니, 얼마든지 가능한 가설이다.

한 달 만에 만난 친구는 확실히 전과 다른 분위기다. 얼굴이 해쓱한 게 잠을 잘 못 잔 것 같다. 퀭하고 충혈된 눈이 간밤의 숙취를 말해주는 듯하다. 머리카락은 잘랐는데, 1년 넘게 유지하던 투블럭 컷이 아니라, 뭔가 그냥 학생 머리 같다고 해야 하나? 스타일이 좋지 않다. 아, 생각이 난다. 저 녀석 여자친구가 항상 미용실에 따라가서 미용사에게 머리 모양을 얘기하고 자기는 여자친구가 제안한 모양으로 그냥 자른다고 했는데, 여자친구와 헤어져서 혼자 미용실에 가서 그냥 잘라주는 대로 자르고 온 모양이다. 그러고 보니, 청바지 차림에는 항상 로퍼를 신던 녀석이 오늘은 유행 지난 스타일의 운동화를 신었다. 입고 나온 셔츠도 청바지와 어울리지 않는 디자인이다. 여자친구와 만나던 때는 있을 수 없는 코디다. 역시, 여자친구랑 헤어진 거야! 내 추리가 완성되는 찰나, 친구가 한숨을 쉬며 입을 열었다.

"여자친구가 나한테 말도 없이 핸드폰 번호도 바꾸고 잠수 탔어."

빙고, 역시 나의 탁월한 추리력!

앞의 내용을 정리해보자.

전제

여자친구와 불화를 겪던 친구가 한 달 넘게 연락이 닿지 않는다.

가설

여자친구와 헤어져서 괴로운 나머지 집에 틀어박혀 있는 모양이다.

증거

오랜만에 만난 친구의 차림새가 여자친구랑 사귈 때와 다르다. 여자친구의 취향이 전혀 반영이 안 된 촌스러운 차림새다.

위 사례에서 평소 친구의 성격과 스타일, 친구와 여자친구의 관계에 대해서 알지 못했다면 가설을 세울 수 없었을 것이다.

추리소설에서 대부분의 탐정들은 가추법을 이용하는데, 다수의 사례에 대한 경험과 방대한 지식, 상황을 빠르게 읽고 해석하는 능력으로 오류를 최소화한 가설을 설계한다. 가설의 성공률이 높은 탐정들은 신적인 존재로 보일 정도다. 때로는 혼자만 아는 단서들이 잔뜩 있는데 우리에게는 공개하지 않은 걸로 느껴지기도 하고, 이미 답을 알고 있었으면서 자기가 추리해서 맞힌 것처럼 으스대는 걸로 보이기도 한다. 하지만 그들은 탁월한 관찰력, 과학적 지식, 풍부한 사례 경험을 바탕으로 가능성이 높은 가설을 설계한 것이다. 그리고 여기에는 소거법의 적절한 활용이 필수다.

03

소거의 미학

소거법이란 주어진 몇 가지 가능성 중에서 참인 것을 가려낼 때, 절대로 참이 될 수 없는 가능성을 하나씩 제외시키는 방법을 일컫는 말이다. 영국 드라마 〈셜록〉에는 감탄에 감탄을 더하는 멋진 추리가 등장한다. 가장 유능하다는 암호 해독가도 풀지 못한 영어와 숫자가 섞여 있는 코드를 셜록이 단 8초 만에 그것이 비행기 좌석 넘버라는 걸 알아내는 장면이다. 셜록이 추리의 근거로 제시한 내용들을 보면 더기가 막히다. 코드에 숫자 1과 헷갈릴까 봐 알파벳 I는 쓰지 않았다는 것, K 이상의 알파벳이 없는 이유는 비행기의 폭 때문이라는 것, 코드

Lesson 7. 탐정은 어떻게 추리하나

의 숫자가 무작위로 나타나는 반면 문자에는 어느 정도 순서가 있는 것은 가족이나 커플 단위로 앉는 경우 때문이라는 것. 점보기만이 K 좌석까지 있을 만큼 폭이 넓고, 55줄을 넘을 만큼 길이가 길다. 13열이 있다는 것으로 미루어보아 숫자 13이 불길하다는 미신을 믿는 항공사는 제외할 수 있다는 대목에서는 탄성이 나온다. 셜록은 이런 식으로 하나씩 가능성이 없는 것들을 소거하여 정확하게 비행기종과 출발 시간을 집어낸다.

When you have eliminated the impossible,

whatever remains, however improbable, must be truth.

불가능한 것을 제외하고 남은 것이 불가능해 보일지라도,

그것이 진실이다.

코난 도일의 소설에 나오는 이 명대사는, 추리에서 소거법이 얼마나 유용한지를 단적으로 설파한다. 추리 문제에서는 용의자 중 범인을 가려낼 때 주로 소거법이 사용된다. 절대로 범인이 될 수 없는 사람들을 한 명씩 제하다 보면 용의자가 압축되고, 그들의 알리바이에서 가장 논리적 비약이 있는 것을 거듭 제하면, 답에 가까워질 수 있다.

물론 모든 것들이 소거해도 되는 것, 소거해서는 안 되는 것으로 명확하게 나뉘지는 않는다. 하지만 풍부한 경험을 바탕으로 방대한 가

능성의 바다에서 가장 가능성이 높은 것을 차례로 골라내거나, 가장 가능성이 적은 것을 배제한다면, 경우의 수를 크게 줄일 수 있고 결국 진실에 다가갈 수 있는 것이다.

이제 당신의 일상으로 들어가보자. 무심하게 지나치던 장면들 속에서 '내가 열쇠를 어디다 뒀지?' '필통에 있던 펜이 어디로 갔을까?' '냉장고에 있던 내 빵은 누가 먹어버린 걸까?' '저 말끔한 양복 차림의 남자는 직업이 뭘까?' 하는 사소한 의문들. 마치 탐정이 된 듯 소거법을 이용하여 하나씩 가능성을 제거하며 진실에 다가가면 재미있지 않을까? 물론 수많은 단서들이 눈앞을 어지럽힐 것이다. 수많은 가능성이 혼란을 줄 것이다. 하지만 차근차근 가능성을 따지면서 불필요한 가설들을 지워가다 보면 결국 원하는 답에 도달하게 될 것이라 확신한다.

노 경감의 추리 문제

오랜만에 담당 사건 없이 사무실에서 지원 대기를 하게 된 노영욱 경감은, 자신과 마찬가지로 무료함을 참지 못하고 하품을 하고 있는 이현석 경위에게 말을 걸었다.

"내가 아주 어렸을 때, 지금처럼 심심할 땐 말이지."

이 경위는 기지개를 켜던 자세를 얼른 고쳐 앉으며 노 경감의 말에 귀를 기울였다.

"경찰의 꿈을 키우며 유명한 추리 문제를 풀곤 했어. 지금부터 내가 자네한테 써줄 쪽지에는 온갖 믿을 수 없거나 불가능한 것들이 잔뜩 있다네. 불가능한 것들을 하나씩 소거해보면서 그 이유까지 한번 설명해보겠나?"
"네, 제가 풀어보죠. 몇 개나 찾아내면 되는 건가요?"

심심하던 차에 잘됐다 싶어 이 경위의 눈이 반짝였다.

"몇 개인지 알려주는 것도 힌트가 될 수 있으니 무엇이 불가능한지, 혹은 어떤 내용이 믿을 수 없는 것인지 자네가 직접 찾아봐."

1990년 12월 25일 PM 12:00

한 외국인이 공항에 내려서 택시를 타고 어느 호텔로 향했다. 호텔에 도착한 외국인은 105호실에 묵기로 하고 방으로 들어갔다. 들어가 보니 침대 위에 007가방이 있었다. 외국인은 호기심에 가방을 열었고, 가방 안에 성인 남자와 여자의 두개골이 들어 있는 것을 보았다. 놀란 외국인은 정신적으로 충격을 받고, 창밖으로 뛰어내렸다. 며칠 후, 호텔 직원은 외국인이 보이지 않자 마스터키로 문을 열고 방으로 들어갔다. 그런데 방 안에는 아무도 없었고, 호텔 직원이 창문을 열고 아래를 내려다보니 죽은 외국인이 있었다.

문지기의 수수께끼

천국으로 통하는 문 하나, 지옥으로 통하는 문 하나, 총 두 개의 문이 있다. 두 개의 문 사이에는 복면을 쓴 문지기 한 명이 서 있다.

문지기는 천국에서 온 문지기일 수도 있고, 지옥에서 온 문지기일 수도 있는데, 겉모습만으로는 알 수가 없다. 단 한 가지 알 수 있는 건, 천국에서 온 문지기라면 참말만 하고, 지옥에서 온 문지기라면 거짓말만 한다는 것이다.

당신은 천국으로 통하는 문으로 들어가려 한다. 문지기에게는 딱 하나의 질문만 할 수 있다.

당신은 문지기에게 뭐라고 질문을 해야 할까?

모범수의 석방

왕은 모범수 한 사람을 뽑아 사면 기회를 주기로 했다. 왕은 가장 모범적으로 생활하는 죄수를 세 명만 뽑으라고 했고, 이내 세 명의 모범수가 정해졌다.

"이왕이면 영리한 죄수에게 기회를 주려고 한다. 영리한 사람이라면 사회에 나가서 더 빨리 적응할 테니까 말이다."

왕은 죄수들을 시험할 문제를 냈다. 문제는 다음과 같다.

흰색 모자가 3개, 검은색 모자가 2개 있다. 자신이 쓴 모자의 색을 맞히면 석방될 수 있다. 5개의 모자 중 3개를 랜덤으로 죄수들에게 씌운 후 죄수 3명을 키 순서로 세운다. 키가 가장 작은 죄수가 제일 앞에 서고 그다음 키가 작은 죄수가 그 뒤에, 키가 제일 큰 죄수가 맨 뒤에 선다. 키가 가장 작은 죄수는 벽을 향해 서기 때문에 자신의 뒤에 선 2명의 모자 색을 알 수 없

다. 맨 뒤에 선 죄수는 자기 앞에 선 2명의 모자 색을 다 볼 수
있다. 답을 말할 기회는 각자에게 한 번뿐이고, 가장 먼저 정답
을 말한 사람이 사면된다.

세 명의 죄수는 문제에 제시된 대로 줄을 섰다. 세 사람의 눈
이 안대로 가려진 채 세 개의 모자가 각자에게 씌워졌다. 그러
고는 세 명의 죄수가 동시에 안대를 벗었다. 하지만 죄수 세 명
은 일제히 말이 없었다. 그런데 잠시 후, 키가 가장 작은 죄수가
자신의 모자가 무슨 색인지 알겠다며 손을 들었다. 그리고 가
장 먼저 정답을 맞힌 그는 약속대로 사면되었다.

키가 가장 작은 죄수는 어떻게 모자의 색을 맞힌 것일까?

Q1

1. 보통의 호텔이라면 1층에는 리셉션데스크와 로비뿐, 투숙이 가능한 방(105호실)은 없다.
2. 일반적인 크기의 007가방이라면, 두개골이 들어갈 수 없다.
3. 일반인이 해부학적 지식 없이 두개골로 성별 구분을 할 수는 없다.
4. 1층에서 뛰어내렸는데 사망할 수는 없다.
5. 호텔에서는 이불 정리 등을 위해 직원이 매일 방문하기 때문에 죽은 외국인이 며칠 후에나 발견될 가능성은 거의 없다. 그게 아니더라도 호텔 주변을 돌아다니는 다른 투숙객이나 호텔 직원들에 의해 이미 발견되었을 것이다.
6. 외국인이 창밖으로 떨어졌다면 창문은 열려 있어야 정상이다. 호텔 직원이 아래를 보기 위해 창문을 열 필요가 없다.

Q2

"당신이 나온 문은 어디입니까?"가 답이다.

지옥에서 나온 문지기라면 거짓말을 해야 하므로 천국으로 향하는 문을 알려줄 것이고, 천국에서 나온 문지기라면 사실을 말해야 하므로 역시 천국으로 향하는 문을 알려줄 것이다.

따라서 그가 어디에서 온 문지기이든 상관없이, 그가 알려준 문으로 가면 된다.

Q3

잠시 정적이었다는 것은, 뒤에 있는 죄수 둘 중 누구도 자신의 모자 색을 단언할 수 없었다는 뜻이다. 맨 앞의 죄수는 뒤의 죄수들이 아무 말이 없다는 것에 의문을 품었을 것이다.

세 번째 죄수가 답을 하지 못한 것은, 앞의 두 죄수가 쓴 모자의 색이 검은색-검은색의 경우는 아니라는 이야기다. 만약 검은색-검은색이었다면 흰색이라고 말했을 테니까.

그렇다면 검은색-흰색, 흰색-검은색, 흰색-흰색의 세 가지 경우만 남는다. 이때 두 번째 죄수의 눈에 보인 첫 번째 죄수의 모자가 검은색이라면 두 번째 죄수는 주저없이 자신의 모자색이 흰색이라고 말했을 것이다. 하지만 두 번째 죄수 역시 답을 말하지 못하고 망설이고 있었던 것은 첫 번째 죄수의 모자가 흰색이었기 때문이다. 두 번째 죄수가 생각할 수 있는 첫 번째 죄수와 본인의 경우의 수는 흰색-검은색, 흰색-흰색으로 나뉘는 것이다.

첫 번째 죄수는 두 번째와 세 번째 죄수가 망설일 수밖에 없는 상황을 종합하여 판단한 결과, 자신이 흰색 모자를 쓰고 있다는 걸 알아차릴 수 있었다.

Lesson 8

연습은 끝났다!
본격 추리 도전 20

SCENE · DO NOT CROSS · CRIME SCENE · DO NOT
DO NOT CROSS · CRIME
SCENE · DO NOT CROSS · CRIME SCENE · DO NOT
CRIME SCENE · DO NOT

Quiz 1

자동차 번호판의 비밀

"내가 신입 때는 말이야……"

김현수 경감은 드물게 교통계에서 형사계로 와 자리를 잡은 케이스다. 형사계에서 무슨 차별을 하는 것도 아닌데, 교통계에서 옮겨왔다는 것에 대해 아직도 콤플렉스를 느끼는지, 종종 교통계 시절의 무용담을 떠벌린다. 10년도 훨씬 지난 교통계 시절의 과장된 무용담은 '정통 형사계 출신이 아니라고 해서 너희들 날 깔봤다가는 큰코다쳐!'라는 엄포로 들린다. 건장한 체구, 험상궂은 인상 탓에 그에게 함부로 하는 사람도 없는데 말이다.

지능 3팀의 막내는 김 경감의 일장연설을 듣는 역할을 담당해야 한다는 암묵적 룰이 있었다. 이현석 경위는 오늘도 뜬금없이 시작된 김 경감의 교통계 시절 이야기의 유일한 청중이었다.

"그 녀석은 말이야, 천애고아였어. 인생이 참 험난했지. 아무리

아등바등해도 인생이 안 풀린다 싶으니까, 이놈이 그만 도박에 빠져버린 거야. 신용불량자 되고 월셋집에서도 쫓겨날 처지가 됐을 때, 가진 돈 다 털고 사채로 몇 백을 겨우 빌려서 경마장에 갔어. 자기 말로는 인생 마지막 한 방을 노린 날이었다는데, 뭐 당연히 다 잃었지.

이대로 한강물에 뛰어들어야 하나, 하고 길을 걷는데 집 근처 골목에 신형 외제 세단 하나가 보이더래. 바닥엔 스마트키와 고급 지갑이 떨어져 있었고, 심지어 차 문도 살짝 열려 있더래. 차 옆에 토사물 흔적이 있는 걸로 보아 음주운전을 한 운전자가 소지품을 다 떨어뜨리고 집으로 간 거란 생각이 들었지. 그 녀석은 어차피 죽을 거, 지갑 속에 현금도 두둑하니 그 돈 다 쓰고 외제차 한번 실컷 몰고 다니다가 죽자, 싶었대. 그런데 도난 차량으로 신고되면 돈 한번 못 써보고 잡혀갈 거 아냐. 잠시 궁리를 하다가 월셋집 주인 아줌마가 몰던 승합차가 생각났어. 늘 주차장 제일 안쪽에 주차되어 있고 주말에만 차를 쓰니까 그때까지 번호판이 사라진 걸 눈치채지 못할 테고, 번호판만 며칠 쓰는 건 아무 문제가 없다 생각한 거지.

놈은 훔친 외제차에 주인집 차에서 떼어낸 [76가 5432] 번호판을 바꿔 달고 신나게 강남으로 향했어. 강남 가라오케 바에 가서 신나게 양주를 퍼 마시고 죽어버리자, 하며 차를 모는데, 글쎄 이놈이 강남에 도착하기도 전에 나한테 딱 걸린 거야. 차가 눈앞으로 슬슬 지나가는데 그걸 보자마자 내가 '아, 저건 도난 차량이다.' 한 거야. 내가 어떻게 도난 차량인 걸 알았을까? 그때까지

도난 차량 신고도 안 들어왔는데 말이야."

말을 마친 김현수 경감의 얼굴에 의기양양한 미소가 번졌다.
 김 경감이 차를 보고 도난 차량임을 알아차린 이유는 무엇
일까?

| 해설 |

Q1

자동차 번호판은 숫자 두 개, 한글 하나, 다시 숫자 네 개로 구성되어 있다.

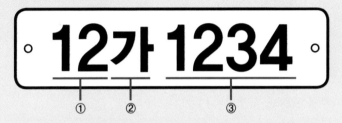

① ② ③

① 맨 앞의 숫자는 차종을 뜻한다. 승용차는 01~69, 승합차는 71~79, 화물차는 80~97, 특수차는 98~99 안에서 숫자가 매겨진다.

② 한글은 아래와 같이 차량의 용도를 나타낸다.

비상업용		가, 나, 다, 라, 마, 거, 너, 더, 러, 머, 버, 서, 어, 저, 고, 노, 도, 로, 모, 보, 소, 오, 조, 구, 누, 두, 루, 무, 부, 수, 우, 주
사업용	택시, 버스	바, 사, 아, 자
	택배	배
	렌터카	하, 허, 호

③ 뒤의 네 자리 숫자는 자동차의 등록번호를 나타낸다. 1000번부터 9999번까지 차량의 종류나 용도와 상관없이 모든 차량에 주어지는 일련번호이다.

범인은 집 주인의 승합차 번호판을 훔쳐 외제 세단에 바꿔 달았다. 승용차에 승합차 번호판이 달려 있는 걸 알아본 김 경감은 그게 도난 차량임을 쉽게 알 수 있었던 것이다.

동생의 지혜

"다행히 하교 시간이 지나 한 아이가 자신이 그랬다고 얘길 해서 넘어갔지만, 정말 어찌나 화가 나던지……."

이 경위가 집에 돌아왔더니, 한 살 아래 여동생이 이 경위를 붙들고 하소연을 시작했다. 얘기를 듣자 하니 이 경위도 입맛이 씁쓸했다.

이 경위의 여동생은 초등학교 교사다. 올해 임용시험에 합격하고 처음 부임한 학교에서 5학년 담임을 맡아 고군분투 중이다.

"이미 사춘기에 들어선 아이들을 나 같은 초짜 선생에게 맡긴 게 잘못이지."

동생은 이전에도 여러 번 이렇게 푸념을 했다.

동생 반 학생 중에 따돌림을 받는 아이가 하나 있었다. 재욱이라는 이름의 남자아이였다. 옷차림도 지저분하고 준비물도

제대로 갖춰 오지 않을 때가 많고, 사교성이 부족하여 아이들과 잘 어울리지 못했다. 학기 초부터 재욱이를 보는 반 아이들의 시선은 싸늘했다. 조별 과제를 해야 할 때면 같은 조가 되지 않으려 애썼고, 어쩌다 옆자리에 앉아 조별 과제를 함께 할 때면 재욱이가 보란 듯이 코를 싸매고 어디선가 냄새가 난다며 창피를 주었다. 몇몇 아이는 재욱이가 4학년 때 반 아이의 학용품을 훔쳤다는 둥, 머리를 일주일에 한 번도 안 감는 것 같다는 둥 하는 이야기를 담임 선생님인 이 경위 동생에게 일렀다. 재욱이가 자기 물건을 만지는 바람에 시커먼 때가 묻어 화가 났다는 아이까지 있었다.

사건이 벌어진 건 점심시간이 막 지나서였다. 유난히 눈물이 많은 혜진이가 울면서 선생님을 찾아왔다. 어제가 자기 생일이라서 아빠에게 받은 용돈 5만 원을 오늘 학교에 가져왔는데 돈이 감쪽같이 없어졌다는 것이다. 누군가 훔쳐간 게 확실하다며 눈물을 쏟아냈다. 선생님은 학교에 큰돈을 가져온 것도, 제대로 간수하지 못한 것도 너의 실수라고 주의를 준 후, 아이들을 불러모았다. 행여, 주운 사람이 있는지 묻기 위해서였다. 그런데 그때, 진우가 자리에서 벌떡 일어나 말했다.

"제가 방금 제 사물함 위에 있는 재욱이 사물함에 뭐가 삐죽 나와 있길래 보니 오만 원짜리 지폐였어요! 재욱이가 그렇게 큰돈을 갖고 있는 게 너무 이상하지 않나요, 선생님?"

진우의 눈에는 의심이 가득했다. 하지만 재욱이도 가만히 있지 않았다. 용수철처럼 튀어오르듯 자리에서 일어난 재욱이가 말했다.

"아니에요, 선생님! 저는 남의 것을 훔치지 않아요!"

차림새는 깔끔하지 못한 재욱이였지만, 목소리만은 맑고 분명했다. 교실이 이내 소란스러워졌다. 선생님은 조용히 하라고 지시하며 사물함에 다가갔다.

사물함 문 위로 오만 원짜리 지폐의 귀퉁이가 삐져나와 있었다. 사물함을 열어 보니 돈은 투명테이프로 사물함 천장에 붙어 있는 상태였다. 삐져나오지 않게 잘 붙였다면 그 위치에 있는 지폐를 발견하기란 쉽지 않았을 것이다. 선생님은 최대한 조심스레 돈을 떼어내 찬찬히 살펴보았다. 빳빳한 지폐에 붙어 있는 윤기나는 투명테이프에는 흐릿하게 지문이 찍혀 있었다. 그때 재욱이가 다시 말했다.

"선생님, 저는 그 돈 처음 봐요. 왜 제 사물함에 들어 있는지 모르겠어요."

선생님은 고개를 돌려 재욱이를 보았다. 재욱이는 억울한 표정이었고, 여느 때처럼 덥수룩한 머리에 손은 꼬질꼬질하고 손톱도 정리되어 있지 않았다. 선생님은 아이들을 향해 말했다.

"이 돈은 재욱이가 훔친 게 아니에요. 선생님이 장담해요. 이런 나쁜 장난을 한 사람은 부끄러워해야 해요. 이 일을 벌인 사람은 오늘 하교 시간이 지난 후 선생님에게 조용히 와서 얘기하도록 해요. 선생님은 누구 장난인지 금방 알아낼 수 있지만 잘못을 인정할 기회를 주는 거예요. 자, 이 돈은 혜진이에게 돌려주겠어요. 그리고 모두들 앞으로 학교에 큰돈을 가져오지 않도록 해요."

선생님의 엄숙한 목소리에 아이들은 이내 찬물을 끼얹은 듯 조용해졌다. 하지만 아까 지폐를 가장 먼저 발견한 진우가 가만있지 않았다.

199

"선생님은 어떻게 그렇게 확신하세요? 재욱이가 범인이 아니라는 걸요?"

"선생님의 오빠가 형사예요. 그래서 평소에 범행 현장에 대한 이야기를 많이 들어서 알고 있어요. 재욱이가 범인이 아니라는 증거가 너무 확실하니, 모두들 엉뚱한 의심은 거두고 수업 준비하도록 해요."

단호한 선생님의 목소리에 아이들은 책을 폈다.

과연, 이 경위의 동생이 재욱이가 범인이 아니라고 단정한 이유는 무엇일까?

Q2

재욱이는 청결하지 않은 아이라고 했다. 머리도 잘 감지 않고, 다른 사람의 물건을 만지면 시커먼 때가 묻는다는, 다소 과장된 듯한 이야기도 있었다. 하지만 지폐에 붙은 테이프에는 흐릿한 지문이 찍혀 있을 뿐, 지저분한 때나 자국은 보이지 않았으므로 이 경위의 동생은 재욱이가 범인이 아니라고 확신한 것이다. 재욱이가 꼬질꼬질한 손으로 테이프를 만졌다면 접착면에 자국이 남았을 테니까 말이다. 이 경위 동생이 그렇게 추리한 다음 순간적으로 확인한 재욱이의 손은 여느 때처럼 꼬질꼬질한 상태였다.

Quiz3

조카의 죽음

"피해자는 5세 아동으로 이름은 최우수. 피해자의 어머니가 급한 볼일이 있어 잠시 삼촌 집에 아이를 맡긴 사이 일이 벌어졌다고 합니다."

지능 3팀으로 발령받은 지 10개월. 강력 사건에 여러 차례 투입되어 많은 시신을 보았지만, 아이의 시신을 본다는 건 특히나 괴로운 일이었다. 이현석 경위는 평상심을 유지하기 어려웠다. 피해자의 나이는 겨우 다섯 살, 이 경위의 조카보다도 한참 어린 아이였다.

"신고는 삼촌이 했다고?"
"네. 아이의 외삼촌입니다. 김유성. 31세. 이직을 위해 쉬는 중이라 현재 무직입니다."

180cm가 넘는 큰 키, 100kg은 족히 되어 보이는 덩치 큰 사

내가 소파에 앉아 있었다. 김유성이었다.

그때 숨이 넘어갈 듯한 울음소리가 들려 돌아보니 한 여자가 신발도 제대로 벗지 못한 채 현관에 주저앉아 울고 있었다. 최우수의 어머니, 김진선이었다. 아이의 시신이 수습되고 있는 것을 본 김진선은 이내 정신을 놓았고, 응급차에 실려 병원으로 이송되었다.

"다 제 잘못입니다."

이 경위가 상황을 묻자 김유성이 뱉은 첫마디였다. 평소 최우수는 발작 증세가 있어 약을 먹고 있었단다. 제때 약을 먹지 않으면 사망에 이를 수 있는, 중증의 상태였다고 한다. 최우수의 어머니, 즉 김유성의 누나는 우수를 맡기면서 약도 함께 전했고, 정해진 시간에 먹이라는 당부도 잊지 않았다.

김유성은 최우수와 함께 저녁을 먹고 설거지를 하는 중이었다고 한다. 부엌에는 씻다 만 그릇이 널브러져 있었고 파란색 고무장갑이 가지런히 놓여 있었다.

'요즘은 파란색 고무장갑도 나오는 모양이군. 죄다 빨간색 아니면 분홍색이어서 싫었는데.'

이 경위는 얼마 전 동네 슈퍼에서 고무장갑을 사왔는데 촌스러운 빨간색에 크기도 손에 꽉 끼어서 짜증스러웠던 기억이 났

다. 거실 탁자 위에는 최우수의 것으로 보이는 약통이 가지런히
놓여 있었다.

"조카는 TV를 보고 있었습니다. 저는 설거지를 하고 있었는데,
조카가 있던 방에서 숨이 넘어가는 소리가 들렸습니다. 누나가
밥을 먹인 후 바로 약을 먹이라고 했는데, 두 시간이 지나도록 약
을 먹이지 않은 것이 생각나서 아차, 싶었습니다. 당장 설거지를
내팽개치고 약통을 들고 허둥지둥 달려갔는데 이미 늦었습니다.
조카는 약을 삼키지 못하고 축 늘어졌습니다."

중간중간 감정을 추스르듯 쉬엄쉬엄 말을 하던 김유성은 결
국 눈물을 흘렸다. 덩치 큰 사내의 어깨가 흐느낌과 함께 들썩
였다. 조카가 숨을 거둔 집 안에서, 삼촌의 울음소리는 공허하
게만 들렸다. 노 경감은 이 경위 옆에서 김유성의 증언을 듣고
현장을 둘러보았다. 이 경위가 김유성의 눈물 앞에 멈칫한 사
이, 노 경감이 입을 열었다.

"이 경위, 김유성을 체포해. 김유성의 말대로라면 과실치사가 되
겠지만, 이건 명백히 살인이야."

노 경감의 목소리는 차분했지만 분노가 가득했다.

"살인이요?"

이 경위가 되묻자, 김유성도 깜짝 놀란 표정으로 고개를 들었다.

노 경감이 김유성을 살인죄로 추정한 이유는 무엇일까?

Q3

김유성은 조카의 숨넘어가는 소리를 들었다고 했다. 설거지 중이었던 김유성은 다급히 조카에게 가보았다고 했다. 하지만 보통 설거지를 할 때 발생하는 소음 탓에 방 안에서 나는 소리를 듣기란 쉽지 않다. 게다가 현장에 있던 고무장갑은 가지런히 놓여 있었다. 고무장갑이 대형 사이즈라 하더라도 100kg은 되어 보이는 덩치의 남자에게는 아무래도 꽉 끼었을 것이다. 또한 설거지를 하다 보면 안쪽에 습기가 차기 때문에 쉽게 벗겨지지 않는다. 그러니 그렇게 다급한 상황에서 싱크대에 고무장갑을 가지런히 벗어놓은 모습은 자연스럽지 않다.

또 하나, 약통이 거실 탁자 위에 가지런히 놓여 있는 것도 이상하다. 김유성은 약통을 가지고 조카에게 달려갔다고 했는데 말이다. 조카가 숨을 거둔 이후 약통을 원래 위치로 가져다놓았다고 가정할 수 있지만, 이 역시 자연스럽지 않다.

결론적으로, 노 경감은 김유성이 의도적으로 조카에게 약을 먹이지 않은 것으로 본 것이다.

마지막 만찬

"휴가신데, 죄송합니다."
"맘에 없는 소리 하지도 마. 우리 집 옆 동에서 살인 사건이 났다
고 전화한 건 자네야."

부스스한 머리에 수염이 까칠한 채로 노 경감이 현장에 들어
섰다. 이 경위는 빠르게 보고했다.

"사인은 테트로도톡신에 의한 독극물 중독입니다. 시신이 쓰러
져 있는 모습만 봐서는 일반적인 자살의 형태로 보이지만 주변
정황이 많이 수상해서요."
"사진 좀 보지."

이 경위는 출동 당시 현장 사진을 내밀었다. 사진에는 젊은
남자가 거실 바닥에 쓰러져 있었다. 남자의 옆에는 깨진 유리
컵과 바닥에 흘러 있는 물, 플라스틱 약병과 흩어진 캡슐 몇 개

가 보였다.

노 경감은 주방에 들어섰다. 주방과 거실이 분리된 집이었다. 희미하게 남은 음식 냄새. 식탁에는 제대로 된 만찬 1인분이 차려져 있었다. 테이블 매트 위에 고급스러운 식기가 놓여 있고 먹다 만 스테이크 덩어리가 있었다. 스테이크가 담긴 접시에는 포크와 나이프가 팔(八)자 모양으로 놓여 있었다. 포크와 나이프 역시 꽤 고급스러웠다. 또 빵과 샐러드, 1/4쯤 술이 남은 와인 잔도 있었다. 집을 둘러보니 전체적으로 인테리어가 고급스러웠다. 질좋은 가죽 소파와 대형 TV, 한쪽에는 골프 가방도 놓여 있었다.

"피해자는 30세 남자, 이름은 지수현. 현재 서초동 노른자위 땅에서 스크린골프장을 운영하며 아마추어 사진가로 활동 중이라고 합니다."

지수현을 발견한 사람은 그의 여자친구 김혜주. 빌려갔던 카메라를 돌려주러 방문했다가 피해자가 쓰러져 있어 119에 신고했다고 한다. 김혜주는 현재 경찰서에서 진술을 하고 있다고 했다.

"그런데 이 경위, 요즘 TV에서 요리 프로그램을 많이 하긴 하지만, 그렇다고 해서 어지간한 남자들이 다 이 정도 요리를 하나? 자살 전에 최후의 만찬으로 스테이크를? 이 집엔 이렇다 할 요리

도구도 갖추어져 있지 않은 것 같은데 말이야. 주방에도 죄다 인스턴트 식품밖에 없잖아."

노 경감은 역시 예리했다. 이 경위는 노 경감의 의문에 수긍하며 사진 한 장을 내밀었다.

"이 사진은 피해자가 운영하는 아마추어 사진가들의 인터넷 카페 멤버들이 출사를 나가서 찍은 기념사진이라고 합니다. 피해자 앞쪽에 서 있는 여자가 피해자를 발견했다고 신고한 김혜주인 것 같고요. 그리고 김혜주는 요리 사진에 일가견이 있다고 합니다. 김혜주가 카페에 올린 글을 보면 요리도 직접 한다고 하고요. 아무래도 만찬을 차린 것도 김혜주인 듯합니다."

노 경감은 미간을 찌푸린 채 사진을 보았다.

"이 경위가 사진을 예리하게 관찰했군. 그런데 말이야, 현장에는 피해자가 자살한 게 아니라는 다른 증거들이 있었어. 혹시 눈치챘나?"

노 경감이 발견한 증거는 과연 무엇일까?

Q4

첫 번째, 스테이크 접시에 포크와 나이프가 팔(八)자 모양으로 놓여 있다고
했다. 양식을 먹다가 잠시 식사를 멈출 때 이와 같이 놓는 것이 정석이다. 자
살할 사람이 최후의 만찬으로 잘 차려진 식사를 하다가, 다시 돌아와 먹을 것
처럼 포크와 나이프를 얌전히 식기에 걸쳐 두고 거실로 나가 자살을 한다는
건 아무래도 어색하다. 또한 노 경감이 의문을 가졌던 것처럼, 지수현이 직접
요리를 한 게 아니라 레스토랑에서 포장해 온 음식일 가능성도 있지만 포장
용기가 발견되지 않았다.

두 번째, 시신 옆에 깨진 물컵과 약이 놓여 있었다. 캡슐형 약은 먹자마자 성
분이 몸에 퍼지지는 않는다. 캡슐이 다 녹은 후 약이 몸에 퍼질 때까지 시간
이 필요하다. 그런데 시신 옆에 깨진 물컵과 약이 같이 놓여 있다는 건 부자
연스럽다. 마치 약을 먹자마자 쓰러져 죽은 것처럼 현장을 꾸민 듯 보인다.

김혜주가 어떻게든 식사 전 자연스럽게 지수현에게 독약을 먹게 했고, 지수
현은 식사 도중 독 성분이 몸에 퍼지면서 사망한 것으로 추정된다. 이후 김혜
주는 지수현을 거실로 옮기고 그 옆에 마치 스스로 약을 먹고 쓰러진 것처럼
보이도록 물컵과 약 등을 연출한 것으로 보인다.

짝사랑의 끝

'김선오…….'

주은옥은 고등학교 영어 교사다. 그녀는 같은 학교에 근무 중인 역사 교사 김선오를 짝사랑하고 있었다. 훤칠한 키에 호감형 얼굴, 유머감각이 뛰어난 김선오는 여학생들과 여선생님들 사이에서 인기가 대단했다. 하지만 은옥의 감정은 호감 이상으로 깊은 것이었다. 은옥과 친한 이주은 선생과 안주희 선생도 주은옥이 김선오를 짝사랑하고 있다는 걸 알고 있었다. 기혼자인 두 사람은 주은옥을 밀어준답시고 수시로 김선오 선생에게 넷이 같이 밥을 먹자는 둥, 주말에 별일 없으면 은옥과 만나서 꽃다운 싱글끼리 바람이라도 쐬러 가라며 부추겼지만, 김선오는 사람 좋은 미소를 보일 뿐이었다.

"아무래도 김선오 선생 말이야, 여자친구가 있는 것 같아."

어느 날 점심시간, 안주희 선생의 말에 은옥은 금세 낯빛이 바뀌었다. 은옥의 표정을 봤는지 못 봤는지, 안 선생은 굉장히 흥미진진한 뉴스라는 듯 말을 이었다.

"우리 집이 김 선생 집이랑 가깝잖아. 내가 주말에 여러 번 마주쳤는데, 데이트 가는 것처럼 멋을 부리고는 외출하더라고. 선물 상자랑 케이크를 들고, 애칭 같은 걸 부르면서 금방 간다고 싱글벙글 통화하는 것도 봤고. 그럼 뭐, 확실한 거 아냐?"

은옥은 자존심이 상했다. 이 선생과 안 선생도 알고 있다시피, 은옥은 김선오에게 잘 보이기 위해 여러 모로 노력했다. 김선오가 토요일 낮에 종종 학교에 나온다는 걸 알고 별일이 없으면서도 몇 번이나 출근했었다. 도시락을 싸 와서 같이 먹자고 하기도 했고, 차를 몰지 않는 김선오에게 자신의 차로 집까지 데려다주겠다고 한 적도 있었다. 회식 때에는 가급적 가까운 자리에 앉으려 노력했고, 일부러 김선오와 시간을 맞춰 퇴근하거나 김선오의 집 근처에서 약속이 있다며 그 방향으로 따라가기도 했다. 하지만 얼마 전 은옥은 김선오로부터, 신경써줘서 감사하지만 앞으로는 그러지 않았으면 좋겠다는 말을 들었다. 그런데 안 선생이 김선오에게 여자친구가 있는 것 같다고 얘길 하는 것이다.

은옥의 감정은 복잡해졌다. 화도 나고 질투도 났다. 하지만 김선오를 포기하고 싶지는 않았다.

'내가 어디가 모자라? 나도 자격이 있어. 김선오의 마음을 기필 코 빼앗을 거야. 김선오가 여자친구에게 버려지도록 하자. 그런 다음 위로하며 다가가면 김선오가 날 좋아하게 될 거야.'

은옥은 인터넷을 뒤져 돈만 주면 뭐든 해준다는 해결사를 고 용했다. 은옥은 해결사를 통해 미리 김선오의 집에 여자 속옷 과 스타킹 따위를 가져다두기로 했다. 그리고 방 창문에 립스 틱으로 사랑의 메시지도 남겨두기로 했다. 김선오의 애인에게 김선오가 양다리를 걸친 것처럼 보이게 하려는 계획이었다.

"10분 안에 도착한다고? 얼른 와. 나도 집에 거의 다 왔어."

해결사가 김선오를 미행한 지 일주일 만에, 김선오의 애인이 김선오의 퇴근 시간에 맞추어 집에 오기로 한 날을 알아냈고, 미리 현장에 침투하여 계획한 일을 벌였다.

하지만 의아하게도 은옥의 의도와 다르게 김선오는 애인과 다투기는커녕, 두 사람은 박장대소하였다. 그리고 도청 장치로 김선오 집에서 나는 소리를 듣던 은옥은 믿을 수 없다는 듯 소리쳤다.

"아냐! 그럴 리 없어! 이건 단단히 잘못된 거야!"

주은옥은 왜 이렇게 소리쳤을까? 김선오가 애인과 다투지 않은 이유는 뭘까?

Q5

김선오는 동성애자였다. 그러니 집안에서 여자 속옷이나 스타킹이 나온다 해도 그건 의아한 일이긴 하지만 김선오와 연인이 다툴 일은 아니었다. 도청 과정에서 김선오에게 동성 연인이 있다는 걸 알게 된 주은옥은 비명을 지를 수밖에 없었다.

추리 문제에서 이 같은 유형의 문제는 자주 등장한다. 주로 성별에 대한 고정관념이 있는 직업을 활용하는 경우가 많다. 예를 들어, 차를 정비하던 정비사와 그의 일을 돕던 정비사의 아들 A가 교통사고로 사망하였는데 시신을 확인하러 온 가족이 자신을 A의 아버지라고 소개하는 식이다. 사고를 당한 정비사가 당연히 남성이라고 생각한 독자는 당황할 수밖에 없다. 실은 정비사가 여성이고 어머니와 아들이 함께 사고를 당한 것이라는 설명을 듣고 나면, 고정관념이 얼마나 판단력을 무디게 하는지 깨닫게 된다.

결벽증 남성의 죽음

  노영욱 경감과 이현석 경위가 피해자의 집 안에 들어서자 옅
은 알코올 냄새가 풍겼다. 술 냄새와는 달랐다. 병원에서나 맡
을 수 있는 소독용 알코올 냄새였다. 집 안은 어느 곳 하나 흐
트러진 데가 없었다. 책장의 책들은 크기와 색깔을 기준으로
반듯하게 정리되어 있었고, 찬장의 식기, 옷장의 옷들도 크기와
색깔별로 구분되어 있었다. 지문 하나 없는 유리창, 무엇 하나
무신경하게 놓인 것 없이 모든 게 반듯한 집. 이현석 경위는 혀
를 내둘렀다. 집에서 이질적인 건 단 하나, 4인용 식탁에 의자
가 세 개밖에 없다는 것이었다. 집주인이 그 의자에 올라가 목
을 맸기 때문이었다.

"집주인이 결벽증이라고 하더니, 굉장하네요. 명품 브랜드 쇼룸
  도 여기보단 지저분할 거예요."

  집주인이 목을 맸다고 하는 장소 역시 의자는 반듯하게 세워

져 있었고, 주변이 깨끗했다.

"현장 보존은 철저히 한 거겠지?"

노 경감이 질문했다.

"네, 그렇습니다. 시신은 이송되었고, 현장은 시신이 발견된 당
시 그대로입니다."

노 경감은 시신 사진을 보았다. 피해자의 목에 남은 선명한
줄 자국은 수평으로 반듯했다.

"이 경위, 설마 이 사건을 자살로 단정한 건 아니겠지?"
"네, 경감님. 두 가지 정도 수상한 점이 있다고 봅니다."
"그래? 그럼 이 경위의 추론을 들어볼까?"

이 경위가 생각한 두 가지 수상한 점은 무엇일까?

Q6

우선 줄 자국이다. 목을 맨 시신의 경우, 줄 자국은 턱에서 머리 위쪽으로 나 있어야 한다. 하지만 수평으로 줄 자국이 났다고 했으니, 이는 누군가가 뒤에서 목을 졸랐을 때의 상흔에 가깝다.

두 번째로 수상한 것은 목을 맨 곳 아래에 반듯하게 놓인 의자다. 목을 매는 사람은 줄을 걸고 밑의 의자를 발로 차게 된다. 행여 그렇지 않다 해도 목을 졸리는 고통에 발버둥을 치기 때문에 아래쪽 의자가 반듯하게 놓여 있기가 어렵다.

이런 두 가지 이유로 이 사건은 살인 사건으로 보고 수사해야 할 것이다.

Quiz 7

그녀의 다잉 메시지

"치정이군."

남자관계가 꽤 복잡하다고 소문난 20대 후반의 여성이 사망한 채 발견되었다. 이름은 정나리. 소설가 지망생이었다. 정나리는 연애를 많이 해봐야 좋은 소설을 쓸 수 있다며 양다리를 넘어 무려 네 명의 남성을 동시에 사귀고 있었다.

'경찰대학 졸업한 이후로는 연애 한번 못 해봤는데.'

이 경위는 저도 모르게 한숨을 푹 쉬었다. 현장에는 결정적 단서로 보이는 다잉 메시지가 있었다.

'QKEH라……'

정나리가 동시에 사귀고 있던 네 명의 남자들은 모두 정나리와 같은 소설가 지망생 커뮤니티 소속이었고, 이름은 권태엽, 박은태, 이대성, 이칠영이었다. 그런데 네 사람은 비슷한 시기에 정나리가 자신들을 동시에 사귀며 속이고 있다는 사실을 알게 되었고, 정나리의 집에서 5자대면을 하기로 했다. 정나리의 사망 추정 시간은 새벽 2시경, 네 명의 남자가 동시에 그녀의 집에 들이닥친 건 아침 8시경이었다. 아무리 벨을 눌러도 정나리는 문을 열어주지 않았고 전화도 받지 않았다. 뭔가 잘못되었음을 느낀 남자들은 사귀는 동안 미리 알고 있었던 비밀 번호를 누르고 안으로 들어갔는데, 집 안에 있던 정나리는 이미 숨진 상태였다. 그리고 정나리가 남긴 다잉 메시지가 발견되었다.

"경감님, 가장 유력한 용의자를 알아냈습니다."

이 경위가 지목한 가장 유력한 용의자는 누구일까?

Q7

가장 유력한 용의자는 이대성이다. 범인이 자리를 뜨고 나서 겨우 숨이 붙어 있던 정나리는 가까스로 ㅇㅣㄷㅐ까지만 쓴 채 사망하였다. 새벽 2시경 정나리를 죽이고 자리를 떠났던 이대성은 불안한 마음에 오전 8시인 약속 시간보다 다소 일찍 그녀의 집에 왔을 것이다. 그리고 뒤늦게 다잉 메시지를 발견하고 깜짝 놀랐지만 약속 시간이 임박하여 메시지를 깨끗이 지울 수가 없었고, 하는 수 없이 몇 개의 획을 더하여 메시지를 조작한 것이다.

조카의 부탁

"삼촌, 이 문제 좀 풀어줘."

조카는 언제나처럼 불쑥 이현석 경위의 방문을 열어젖혔다.

"이 녀석아, 삼촌도 잠 좀 자자."

철야근무를 하고 들어와 잠을 청하던 이 경위의 목소리에 짜증이 배어나왔다. 하지만 조카는 아랑곳하지 않았다.

"삼촌, 나 이 문제 풀어야 추리 카페에 가입할 수 있어. 전부 중학생, 고등학생 형들만 있는 카페인데 이 문제를 풀면 나도 받아준대. 그런데 너무 어려워서 도저히 못 풀겠어. 삼촌이 도와줘. 나 꼭 가입하고 싶단 말이야."

이 경위는 문제를 받아들고 찬찬히 읽었다. 하지만 초등학생

에게 이런 살인 문제를 풀라고 하다니, 아무래도 교육적으로
좋지 않아 보였다.

"이 문제, 네가 풀기에는 너무 잔인해. 삼촌은 그 카페에 네가 가
입하지 않았으면 좋겠어. 그 카페 회원들은 중고생이니 그렇다
쳐도 넌 아직 안 돼. 이럴 게 아니라, 내가 너희 엄마한테 전화를
좀 해야겠다."
"엄마한테는 말하지 마! 치, 알겠어. 그럼 가입 안 할 테니까 문
제만 풀어줘. 답이 궁금해서 밤에 잠도 못 잤단 말이야."

조카가 내민 문제는 다음과 같았다.

스무 살이 넘도록 작은 시골 마을에서 살아온 선아는 도시의
생활을 동경했다. 그래서 서울에서 일하는 선배 언니가 화장품
가게에 일자리가 있으니 오라고 했을 때 망설임 없이 바로 상
경했다. 하지만 도시에서의 생활은 녹록치 않았다. 박봉에 높은
생활비, 그리고 언젠가부터 화장품 가게 손님을 가장하여 치근
덕거리는 한 남자의 괴롭힘. 선아는 결국 서울 생활을 정리하
고 다시 고향 마을로 돌아왔다.
　농사일로 늘 바쁜 선아의 부모님은 그날도 일을 나가셨다. 선
아는 부모님 일손을 도우려 했지만 부모님은 원치 않았다. 얼
마간 쉬다가 다시 인근 읍내에서라도 취업을 하거나, 공부를
더 하면 어떻겠냐고 했다. 당분간 쉬기로 한 선아는 무료함을

달래기 위해 산나물이라도 캘 겸 산으로 향했다. 작은 칼 하나와 바구니를 챙겨 들고 산길을 오르다 보니 이마에 땀이 송글송글 맺혔다. 기분 좋은 산바람이 땀을 씻어주었다. 산 중턱쯤 올랐을까? 뒤에서 귀에 익은 목소리가 들렸다.

"안녕하세요, 나물 캐러 오셨나 봐요."

선아는 뒤를 돌아보았다. 그 사람이었다. 서울에서 치근덕거리던 그 남자 손님.

"오랜만이네요, 선아 씨. 선아 씨 보려고 여기까지 왔잖아요."

등골이 오싹했다. 선아는 뛰었다. 그러나 이내 돌부리에 걸려 넘어졌다. 남자는 선아를 덮쳤고 팔에 든 흉기를 휘둘렀다. 선아는 방어하기 위해 손을 뻗었다. 하지만 사건은 일어나고 말았다.

칼은 팔을 스치고 심장 부근으로 파고들었다. 흘러넘치는 피를 막으려 손으로 눌러봐도 소용없었다. 결국 얼마 지나지 않아 숨이 끊어졌고, 살인범은 주변을 둘러보다 무성한 수풀 속에 시신을 숨기고 자취를 감추었다.

다음 날, 동네에 사는 한 할머니가 나물을 캐러 산에 왔다가 시신을 발견했다. 수풀 밖으로 삐져나와 있는 발을 보고 수상해서 살폈더니, 낯선 사람의 시신이었고, 경찰에 신고를 했다.

출동한 경찰이 피해자 신원 파악을 위해 동네 사람들을 수소문
했지만 누구도 시신의 얼굴을 안다는 사람이 없었다. 대체 어
떻게 된 일일까?

| 해설 |

Q8

조카가 내민 사건 문제를 곰곰이 살펴보자.

남자는 선아를 덮쳤고 팔에 든 흉기를 휘둘렀다. 선아는 방어하기 위해 손을 뻗었다. 하지만 사건은 일어나고 말았다. 칼은 팔을 스치고 심장 부근으로 파고들었다. 흘러넘치는 피를 막으려 손으로 눌러봐도 소용없었다. 결국 얼마 지나지 않아 숨이 끊어졌고, 살인범은 주변을 둘러보다 무성한 수풀 속에 시신을 숨기고 자취를 감추었다.

이 대목을 보면 칼이 누구의 심장을 파고들었는지 적혀 있지 않다. 남자가 휘두른 흉기가 칼인지 다른 무엇인지 확실하지 않으며, 누가 손으로 누구의 피를 막아보려 했는지, 누가 숨이 끊어진 건지도 명시되어 있지 않다. 사건 전개를 따라가던 우리가 당연히 선아가 피해자일 거라고 믿었을 뿐, 사실 문제에는 누가 피해자이고 누가 가해자인지 분명히 적혀 있지 않은 것이다. Q5와 비슷한 유형의 문제라고 할 수 있다.

이 사건은 스토커의 공격을 받은 선아가 방어하기 위해 나물 캐는 칼을 휘둘러 스토커를 죽인 것이다. 만약 선아가 피해자였다면 한동네에 사는 할머니가 선아의 얼굴을 알아보지 못했을 리가 없다. 칼로 남자를 찌르고, 지혈을 해보고, 수풀에 시신을 숨긴 것 모두 선아가 저지른 일이라는 것이 이 문제의 답이다.

밀실에서의 자살

"서울에 이렇게 외진 데가 있었군."

노 경감은 현장에 들어서며 혼자 중얼거렸다. 집은 차 한 대가 올라오기도 힘들어 보이는 산길 중턱에 있었다. 피해자는 이진석. 바쁜 도시 생활에 염증을 느낀 이진석은 경영하던 회사를 동생에게 물려주고 부인과 아이들은 시내 아파트에 남겨둔 채 혼자 외진 산 중턱에 집을 지어 살고 있었다. 도로도 제대로 닦이지 않은 야산이었다. 피해자 이진석은 창고 안에서 숨진 채 발견되었는데, 시신을 발견한 건 이진석의 오랜 친구 박수종이었다. 박수종은 이따금 머리가 복잡할 때면 이진석을 찾았다고 한다.

"마당에서 삼겹살 구워 둘이 소주 한 잔 하면 세상 고민이 없어지니까요. 진석아…… 으흐흑……."

　　　　　　　　　Lesson 8. 연습은 끝났다! 본격 추리 도전 20

중년 남자의 낮은 울음소리가 고요한 산등성이 집을 가득 채웠다.

　이날도 박수종은 이진석을 만나러 왔다고 한다. 산 아래에 차를 세워두고 운동 삼아 산길을 걸어 올라왔다. 손에는 삼겹살과 소주를 들고 있었다. 그런데 이진석 집에 도착한 박수종이 아무리 문을 두드려도 대답이 없더라는 것이다. 잠시 외출했으려니 하고 기다렸지만 한참이 지나도 이진석은 오지 않았다. 뭔가 이상하다고 생각한 박수종은 휴대폰으로 이진석에게 전화를 걸었다. 그런데 휴대폰 벨소리가 창고 쪽에서 나더라는 것이다. 하지만 창고 문은 잠겨 있었고, 큰 소리로 이진석을 불렀지만 대답이 없었다. 좋지 않은 예감이 든 박수종은 발로 창고 문을 여러 차례 걸어차서 부수었다. 이 과정에서 발에 무리가 갔는지 박수종은 현재 발목 통증을 호소하고 있다. 힘들게 문을 부수고 들어간 박수종은 창고 안에서 머리에 피를 흘린 채 죽어 있는 이진석을 발견했다. 이진석의 왼쪽 손 옆에는 권총 하나가 나뒹굴고 있었다.

　노 경감이 현장을 보니 창고에 난 작은 창문은 안쪽에서 굳게 잠겨 있었다. 창고 문에는 안쪽에서 문과 벽을 나무판으로 대고 못을 박은 흔적이 보였다. 여러 번 판자를 덧대서 고정했던 흔적으로, 발로 차서 문을 열기가 힘들었겠구나 싶었다. 창고 안에서 스스로 창문과 문을 잠그고 자살한 이진석. 밀실에서의 자살인 셈이었다. 하지만 수상했다. 창고 안에 망치가 없었던 것이다. 나무판을 못으로 박으려면 망치가 필요했을 텐데,

창고에는 망치는커녕 망치를 대신할 만한 마땅한 것도 없었다. 작업 후에 망치를 창밖으로 던졌을 가능성을 생각하고 창문 바깥쪽도 수색했지만 망치는 발견되지 않았다.

'그렇다면?'

노 경감은 박수종을 경찰서로 이송하라고 이현석 경위에게 지시했다. 명목은 참고인 진술이었지만 노 경감은 박수종이 이진석을 살해하고 현장을 조작한 것이 아닐까 하는 생각이 들었다.
과연 노 경감의 추리는 무엇일까?

Q9

박수종은 바깥에서 문을 부수고 들어갔다고 했다. 그리고 노 경감이 본 창고 문은 안쪽에서 나무판을 여러 번 덧댄 흔적이 있었다. 그런데 만약 창고 문에 덧댄 나무판이 원래부터 있었던 거라면? 그러니까, 이진석이 생전에 이미 여러 번 나무판을 덧대었다 떼어냈다 했던 문인데, 박수종의 진술 탓에 마치 이번에 부서진 것처럼 보이는 거라면?

박수종이 문을 부수고 들어갔다고 진술했으니, 문에 있는 부서진 흔적이 이번에 생긴 거라고 생각하기 쉽다. 하지만 노 경감은 그 진술의 신빙성을 의심하고 반대로 파고들었다. 나무판을 덧댄 흔적은 애초부터 있었던 것이고, 문은 잠겨 있지 않았다. 못을 헐겁게 하여 대충 나무판을 걸쳐놓은 문이었으므로 박수종이 발로 차서 부순 흔적으로 조작하고, 밀실 자살처럼 보이게 만든 것이다.

<u>모르는 여자</u>

강세희. 탁월한 미모로 회장과 내연관계가 되고 초고속 승진을 한, 30대 초반의 한주실업 비서실장. 그녀가 사라졌다. 한주실업의 신기술 관련 설계도면을 경쟁사인 중국 회사에 넘겨버린 채. 김한주 회장은 충격으로 쓰러져 병원 중환자실로 실려 간 지 일주일째였다. 이 경위는 강세희의 뒤를 쫓고 있었지만 좀처럼 꼬리가 잡히지 않았다.

강세희의 주민등록상 주소지에는 어머니만이 살고 있었다. 강세희의 어머니는 딸을 못 본 지 1년이 넘어간다며 한숨지었다. 파악된 강세희의 지인들 역시 최근 몇 달 사이 그녀를 만난 적이 없다고 했다.

그런데 잠도 자지 않고 실마리를 찾은 이 경위의 노력이 헛되지 않았나 보다. 강세희가 자주 입는 디자이너 브랜드를 기억한 직원의 증언으로 사건은 새로운 국면을 맞았다. 강세희가 입던 옷은 온라인에서만 유통하는 명품 디자이너의 한정판이라고 했다. 워낙 희소한 옷이라 대부분 강세희의 패션 감각이 뛰어나다는 건 알아도 어느 브랜드 옷인지는 몰랐는데, 브랜드에 관심이 많은 직원의 증언으로 이 같은 사실을 파악할 수 있었다.

해당 브랜드에 문의한 결과 강세희가 불과 3주 전에 옷을 구입한 사실이 확인되었고, 배송지가 그녀의 주민등록상의 집도, 긴 회장이 자주 바래다주었다는 집도 아닌, 전혀 엉뚱한 주소지인 것을 알 수 있었다. 이 경위는 속으로 '유레카!'를 외쳤다. 드디어 꼭꼭 숨어 있던 강세희의 꼬리를 잡은 것이다. 이 경위는 당장 차를 몰고 그 주소지로 갔다.

"굳이 안 오셔도 되는데……."

이 경위가 옆 좌석의 노 경감에게 구시렁대듯 말했다. 그 집 앞에 차를 대고 기다리고 있는데 노 경감이 굳이 찾아온 것이다.

"자네가 사진을 안 가져가서 온 거잖아."

노 경감이 회사 직원들과 함께 찍은 강세희의 사진을 흔들며 말했다.

"핸드폰으로 전송해주면 되지 굳이 오실 필요까지는……."

"뭐야? 도와준다고 하면 영광인 줄 알아야지."

"어, 저기 누가 나옵니다!"

이층 양옥집에서 여자가 한 명 걸어나왔다. 강세희는 아니었다. 30대 중반의 순해 보이는 인상의 여자가 왠지 주변을 살피는 듯한 불안한 눈초리로 길을 나섰다.

"어서 가봐, 정해놓은 대로 잘 하는지 어디 두고 보지."

노 경감의 얘기에 이 경위는 차 문을 열고 나섰다.

"말씀 좀 묻겠습니다."

이 경위가 다가가자 여자는 놀란 토끼 눈을 하고 돌아보았다.

"저는 한주실업 경영기획실에서 근무하는 이현석이라고 합니다. 회사 일로 사람을 찾고 있는데요, 여기 사진 속 이 분 혹시 본 적 있으신가요?"

이 경위는 작전대로 한주실업 직원을 사칭했다. 그리고 노 경감에게 받은 사진을 내밀었다. 여자는 사진을 보자마자 고개를 저으며 말했다.

"아니요, 본 적 없어요. 전 모르는 사람이에요."

여자는 이내 가던 발걸음을 재촉했다.

"경감님, 저 여자 뒤를 밟아야겠어요. 저 여자, 무조건 강세희 지
인입니다."

이 경위가 차에 돌아오자마자 확신에 찬 목소리로 말했다.
이 경위가 그 여자와 강세희가 아는 사이일 것이라고 확신한
이유는 무엇일까?

Q10

사진에는 분명 강세희를 포함해 여러 명의 모습이 담겨 있었다. 이 경위는 여자에게 사진을 보여줄 때 특정인을 가리키지도 않았고 강세희의 이름과 성별을 말하지도 않았다. 하지만 여자는 사진을 보자마자 모른다고 했다.

보통은 사진 속의 누구를 말하는 거냐고 되묻기 마련이므로 무조건 모른다고 한 여자의 답변은 자연스럽지가 않다. 그래서 이 경위는 분명 이 여자가 강세희와 관련있다고 보고 뒤를 밟자고 한 것이다.

깨져버린 신혼

"신도시에 최첨단 아파트라고 그렇게 좋아하더니, 겨우 한 달 살
고 가버릴 걸, 흑흑……."

최현우는 이 경위 앞에서 눈물을 흘렸다. 최현우의 아내 진서
라는 이사온 지 겨우 한 달 된 새 아파트에서 눈을 감았다. 사
실 눈을 감았다, 정도로 표현할 수 있는 사건이 아니었다. 가스
폭발이었다. 콘센트에서 발생한 스파크로 인해 가스가 폭발한
것이 원인이었다. 처음에는 가스 누출이 피해자의 부주의로 인
한 것이라 생각했지만 이 경위는 어쩐지 남편 최현우가 의심스
러웠다. 눈물을 흘리고 있지만, 왠지 그 모습에서 진심이 느껴
지지 않았다.

누구나 부러워할 최첨단 아파트, 짓자마자 처음 입주한 달콤
한 신혼부부. 그런데 아내가 죽었다. 그것도 끔찍한 가스 폭발
사고로. 이 상황에서 남편이 과연 저렇게 절제된 감정으로 눈
물 몇 방울 흘리는 정도일 수 있을까?

현장 감식 결과, 부엌 쪽 전자레인지 콘센트에서 클립이 발견되었다. 클립 때문에 생긴 전기 스파크가 누출된 가스에 불을 붙였고, 순식간에 폭발한 것이었다. 진서라의 사체에서는 다량의 수면제 성분이 검출되었다. 그리고 가장 유력한 용의자로, 사건이 일어나기 약 한 시간 전 외출한 남편 최현우가 지목되었다. 최현우는 클립을 콘센트에 꽂았다가는 자신부터 잿더미가 되었을 거라며 완강하게 혐의를 부인했지만, 이 경위의 한마디에 범행 일체를 자백했다.

　과연, 이 경위가 알아낸 결정적 단서는 무엇일까?

Q11

문제에서 두 차례 강조된 표현이 있다. 바로 사건이 일어난 곳이 '최첨단 아파트'라는 것. 첨단기술이 사용된 아파트들은 사물인터넷을 적용한 경우가 많다. 이 경우 외부에서 콘센트 전원을 켜고 끄는 것이 가능하다.

최현우는 아내에게 다량의 수면제를 먹이고, 전자레인지 쪽 콘센트 전원을 차단한 채 클립을 끼웠다. 그러고는 가스 밸브를 열고 외출하여 바깥에서 사물인터넷으로 연결된 콘센트 전원을 켰다. 그러자 전기 스파크가 튀면서 가스 폭발로 이어진 것이다.

Quiz 12

이 경위, 단번에 정리하다

노 경감이 결국 쓰러졌다. 여기저기 온갖 사건에 다 불려 다니고, 팀원들이 맡아서 조사하는 사건까지도 열의가 뻗쳐 함께 쫓아다니더니, 결국은 과로로 쓰러진 것이다. 다들 자기 사건에 바쁜 상황에서, 노 경감과 주로 파트너를 이루던 이 경위는 처음으로 단독 사건을 맡았다. 청담동 고급 빌라, 50대 독신 여성 주미영이 살해된 사건이었다.

사망 추정 시간은 밤 11시경. 신고가 접수된 건 다음 날 아침 11시였다.

"저에게 개인 트레이닝을 받으신 게 벌써 2년이 넘었는데, 지금껏 딱 한 번 빠지셨어요. 그것도 사흘 전에 미리 알려주셨고요. 아무래도 느낌이 좋지 않아서 전화를 드렸는데, 오전 내내 안 받으시더라고요. 그래서 회원 명부를 뒤져 집을 찾아갔고, 경비 아저씨랑 같이 올라갔는데……."

빌라 경비도 주미영이 외출하는 것을 못 보았다고 했다. 차도 빌라 주차장에 그대로 있었다. 아무래도 수상해서 경찰에 신고하여 문을 부수고 들어가 보니, 주미영은 이미 사망해 있었다. 앤티크 소품을 수집하는 것이 취미였던 피해자는 자신의 수집품인 앤티크 단도에 복부를 여러 차례 찔린 상태였다. 또한 목이 졸린 흔적도 발견되었다. 집에 별다른 침입 흔적은 없었고, 피해자에게서 약물 반응은 나타나지 않았다.

이 경위가 추린 용의자는 모두 세 명이었다.

이현욱(남, 37세)

피해자와 같은 동네에 사는 주민으로 늦은 밤 시간에 동네 여기저기를 돌아다니는 모습이 여러 차례 목격되었다. 피해자와 별다른 개인적인 관계는 드러난 것이 없다. 폭력 전과 2범이다. 가정폭력 전과, 그리고 술자리에서 시비 끝에 옆자리 남자와 동석한 여자까지 때려 크게 다치게 한 적이 있다.

안지호(남, 24세)

피해자의 아들. 피해자는 젊은 시절 남편과 이혼 후 쭉 혼자 살았고, 아들은 아버지와 살고 있었다. 피해자가 이따금 집에 초대하

여 용돈을 주기도 하고 좋은 식당에서 함께 밥을 먹기도 하며 관계를 이어왔다고 한다. 사건 발생 시각에는 자취방에서 자고 있었다고 한다. 피해자의 집을 드나들던 거의 유일한 인물이라는 이유로 용의선상에 올랐다.

소윤미 (여, 30세)

빌라 같은 층에 사는 주민이다. 시향에서 바이올리니스트로 활동 중이다. 가냘픈 몸에 여리여리해 보이는 인상이다. 집에서 바이올린 연습을 하다 소음 문제로 피해자와 다툼이 몇 차례 있어서 사이가 좋지 않다. 사건 당일에는 자신이 항상 차를 대던 위치에 피해자가 주차를 해놓은 바람에 곤란을 겪어 여러 차례 전화했지만 받지 않아 차 없이 외출하였고, 늦은 시간까지 이어진 시향 합동 연습 때문에 다음 날 집으로 돌아왔다고 한다.

이 경위는 세 사람 가운데 가장 유력한 용의자를 지목하였다. 그리고 이는 적중하여, 병원에 누워 있던 노 경감이 극성을 떨며 이틀 만에 업무에 복귀하였음에도, 그 전에 사건을 거의 마무리지을 수 있었다.

이 경위가 지목한 가장 유력한 용의자는 누구이며, 이유는 무엇일까?

Q12

현관을 열 때 경찰이 와서 부수고 들어갔다고 했고 외부에서 침입한 흔적이 없다고 했다. 이 경우 범인은 피해자와 구면인 사람일 가능성이 높다.

피해자 시신에 목이 졸린 흔적이 있다고 했는데, 완력으로 피해자를 제압할 수 있는 사람이 아니면 목을 조르기 어렵다. 약물 반응도 없다고 했으니, 힘이 비슷하거나 약하다면 범인이 아닐 가능성이 높다.

복부에 여러 차례 칼에 찔린 자국이 있다고 했다. 그리고 칼은 피해자의 집에 있던 도구였다. 이는 감정적이며 우발적인 살인임을 보여주는데, 목을 조른 흔적 역시 이러한 추론에 무게를 더한다.

위와 같은 이유로 피해자의 아들 안지호가 범인일 가능성이 높다. 피해자가 안심하고 문을 열어주고, 피해자를 완력으로 제압할 수 있으며, 감정적인 문제가 발생할 수 있는 사람으로 아들이 가장 유력하기 때문이다.

Quiz 13

뺑소니 운전자의 변명

"무슨 일이야! 나 이제 막 퇴근했다고."

"죄송합니다. 뺑소니 사고가 났는데, 다른 분들은 방화 사건 용의자 건으로 모두 나가셨어요. 제가 혼자 갈 수는 없어서……."

이 경위의 전화에 노영욱 경감은 짜증을 내면서도 몸은 이미 현관을 나서고 있었다.

사고가 일어난 건 인적이 드문 교차로였다. 피해자는 응급차가 도착했을 때 이미 숨져 있었다고 한다. 피해자는 20대 여성으로, 현장에는 피해자의 핸드백에서 튀어나온 지갑과 화장품 등이 미처 수습되지 못한 채 흩어져 있었고, 다량의 출혈 흔적이 남아 있었다. 그것이 현장에 남은 흔적의 전부였다. 이 경위는 재빠르게 주변 CCTV 영상을 확보하였고, 피해자의 옷에 묻은 도료와 같은 색의 차량을 집중 수배하여 용의자로 추정되는 운전자를 잡을 수 있었다.

244

"죄송합니다, 사고를 내고 나서 너무 당황한 나머지 저도 모르게 현장을 떠나버렸습니다. 정말 죄송합니다."

용의자는 30대 남성 고봉준. 교통사고 전적도 없었고 다른 전과 기록도 없었다. 고봉준은 경찰서에 불려온 게 겁이 난 건지, 자신이 저지른 일에 죄책감을 느낀 건지, 고개를 숙인 채 떨고 있었다. 고봉준의 차에서 혈액 반응이 확인되었고, 이는 피해자의 혈액과 일치하였다. 이 경위는 노 경감에게 가해자가 뺑소니를 자백했으며 과실치사를 적용하겠다고 보고했다.

"현장 사진 가져와 봐."

이 경위는 현장을 여러 각도에서 찍은 사진을 가져와 노 경감에게 내밀었다.

"봐, 현장에는 흩어진 소지품과 출혈 자국 외에 별다른 흔적이 없었어. 그런데도 자네는 과실치사라고 결론 내리는 건가? 일 제대로 안 해?"

노 경감의 언성이 높아졌다. 이 경위는 그 순간, 자신이 너무도 쉬운 단서를 놓쳤다는 걸 깨달았다.

"고의로 사고를 낸 걸 수도 있겠군요!"

"하아, 아주 멍청하진 않군. 이걸 천만다행이라고 해야 하나."

이 경위는 자신이 큰 실수를 할 뻔했다고 생각하며 현장 사진을 다시 살펴보았다.
이 경위가 놓친, 고의 사고의 단서는 무엇일까?

Q13

현장에는 피해자의 핏자국과 소지품만 남아 있을 뿐, 그 외 다른 흔적은 없다고 했다. 피해자의 옷에는 자동차 페인트 도료가 묻어 있었고, 용의자의 차에서 피해자의 혈액이 확인되었다. 용의자가 피해자를 차로 친 것은 확실하다. 용의자 역시 이를 시인하는 이야기를 하였다. 하지만 정말 불가피한 사고였을까?

예기치 못한 상황에서 용의자가 피해자를 차로 치었다면 깜짝 놀라 브레이크를 밟았어야 한다. 그렇다면 현장에는 타이어가 미끄러진 자국인 스키드 마크(skid mark)가 생겨야 한다. 하지만 이 사건 현장에는 스키드 마크가 없었던 것이다.

사람을 치고도 브레이크를 밟은 흔적이 없다는 것은 고봉준이 고의로 여자를 치었음을 의심하기에 충분하므로, 노 경감은 이 경위가 과실치사 운운할 때 화를 낸 것이다.

Quiz 14
사소한 실수

"어서 오세요. 오랜만이에요, 영욱 씨."

반갑게 맞이하는 목소리에 노 경감도 웃는 얼굴로 인사를 건넸다.

"제수씨, 잘 지내셨죠?"

모처럼 맞은 휴일, 노 경감은 고교 동창인 친구 임수환의 집에 초대받았다. 유명한 셰프인 임수환이 사회 정의를 위해 일하는 친구를 위해 제대로 한상 차려줄 테니 놀러 오라고 한 것이다. 아내가 귀찮아하지 않겠느냐는 노 경감의 말에 임수환은 아내도 괜찮다고 했다며 부담 갖지 말고 오라고 했다.

테이블에는 진수성찬이 가득했다. 스테이크와 파스타, 샐러드 등이 테이블 가득 차려져 있었다. 임수환이 노 경감에게 자리를 권하던 차에 초인종이 울리고 또 한 명의 손님이 왔다.

"영욱이, 아니 노 경감님! 하하, 이게 얼마 만이야!"

방문객은 같은 학교 동창인 한진수였다. 진수는 몇 달 전에 수환의 집 근처로 이사를 왔는데, 수환이 항상 가게일이 바빠 집을 비워서 오늘에야 처음으로 집에 놀러온 거라고 했다.

"말씀 많이 들었습니다. 듣던 대로 미인이시네요."

초면인 진수와 수환의 아내가 간단히 인사를 나누고 모두 식탁에 둘러앉았다. 최고의 셰프가 만든 음식답게 눈과 입이 완벽히 즐거운 식사였다. 늘 긴장 상태인 노 경감도 편안한 분위기에 긴장이 풀렸다. 웃음소리와 즐거운 대화가 이어졌다. 술은 마시지 않았다. 술을 전혀 못하는 진수를 위한 배려였다.

"후식을 준비했어요. 커피도 같이 내올게요. 영욱 씨는 커피 괜찮으세요?"

수환의 아내가 자리에서 일어나며 말했다.

"이 친구는 얼음 가득 넣은 아메리카노를 제일 좋아해. 그걸로 부탁해, 여보."

수환의 아내는 고개를 끄덕이고 주방으로 갔다. 그리고 급한 전화가 왔다며 진수가 잠시 자리를 비운 사이, 노 경감이 수환에게 바짝 다가가 작은 목소리로 말했다.

"그…… 있잖아. 요즘 제수씨랑 잘 지내지?"

"물론이지. 바쁘다 보니 예전에 비해 어딘가 모르게 소원해진 건
사실이지만…… 큰 문제는 없어. 왜, 여기까지 와서 수사하려고?
하하, 역시 노 경감답구먼!"

아무렇지 않게 웃어넘기려 노력하는 수환의 얼굴에서 노 경
감은 무언가 불안감을 엿본 것 같은 생각이 들었다.

'고민이네. 이걸 말해줘야 할까.'

노 경감이 수환에게 말해줘야 할지 고민하고 있는 것은 무엇
일까?

Q14

수환의 아내와 진수는 분명히 초면이라고 했다. 그래서 수환이 나서서 인사를 나누게 했다. 그런데 식사 후 후식을 준비할 때 수환의 아내는 노 경감에게만 커피 취향을 묻고 진수에게는 묻지 않았다. 남편의 취향은 이미 알고 있을 테니 묻지 않은 게 당연하지만, 초면인 남편 친구의 취향을 묻지 않은 건 분명 이상한 대목이다. 노 경감은 순간적인 관찰력과 형사다운 직감으로 두 사람이 이미 구면인 데다가 커피 취향까지 알고 있는 사이일 거라는 의심이 들었던 것이다.

Quiz 15

금은방 주인의 증언

"대체 어떻게 된 일인지 모르겠습니다."

금은방 주인인 이호민은 금방 눈물을 쏟을 것 같은 표정이었다. 현장에 출동한 이현석 경위는 자초지종을 물었다.

"신고는 제가 했습니다. 손님을 맞고 있는데 안쪽에서 뭔가 시끄러운 소리가 들리더라고요. 그런데 이 근처에 요즘 건물을 새로 짓는 곳도 많고, 이 건물도 2층부터 리모델링 중이라 공사하는 소리려니 했습니다. 손님이 가고 나서 철문을 열고 들어갔더니 안이 저 모양이더라고요. 진작 천장 보강 공사를 했어야 하는데 나무 천장인 채로 내버려둔 게 화근이죠. 아무튼 보험을 가입해뒀기에 망정이지……."

매장 안쪽 창고에는 재고 물건이 있었다고 한다. 시가 1억여원 정도의 귀금속이 도난 물품으로 신고되었다. 창고 안은 처

참한 모습이었다. 유리 진열장은 깨져 있었고 그 위로 톱밥이
한가득이었다. 천장에는 거칠게 톱질한 흔적이 있었다. 체구가
크지 않다는 전제로 성인 한 명 정도는 충분히 드나들 수 있는
크기였다.

"근처 CCTV 영상을 확보 중입니다. 공교롭게도, 가게 입구와 안
에 있는 CCTV들은 고장이 나 있어서요. 리모델링 공사 때문에
건물 주변을 오간 인부들부터 확인하겠습니다."

이 경위보다 먼저 현장에 도착해 있던 관할 파출소 소속 순경
이 말했다. 그러자 이 경위는 가볍게 고개를 저었다.

"아닙니다. 그 전에, 저기서 울 것 같은 표정으로 천연덕스럽게 거
짓말을 하고 있는 저 피해자 겸 용의자와 더 깊이 대화를 나누고
싶네요. 완전범죄는 아무나 저지를 수 있는 게 아닌데 말입니다."

이 경위는 왜 금은방 주인을 용의자로 지목한 것일까?

Q15

깨진 진열장 파편 위에 톱밥이 한가득 쌓여 있다는 게 단서다. 만약 범인이 나무 천장을 뚫고 내려와 진열장을 깨고 보석을 훔쳤다면, 톱밥이 진열장 파편 위에 가지런히 쌓인 게 아니라 아래에 흩어져 있어야 한다.

이 경위는 이 사건을 가게 주인 이호민이 보험금을 노리고 벌인 자작극으로 본 것이다. 이호민이 좀 더 치밀했다면 천장에 구멍을 뚫고 나서 진열장을 깼어야 한다. 하지만 어이없게도 진열장을 깬 후 천장을 뚫었고, 그로 인해 금세 들통이 난 것이다.

Quiz 16

사라진 용의자

위조 지폐범 김강륜을 마지막으로 본 것은 화곡동에 위치한 골목길에서였다. 최근 몇 달간 레이저프린트를 이용하여 위조 지폐를 만들어서 재래시장과 동네 슈퍼 등 바로 확인이 어려운 곳을 돌아다니며 오만 원권을 위조한 범죄자이다. 노영욱 경감이 김강륜의 행적을 쫓던 도중 어렵사리 그가 예전에 만났다던 애인을 알아낼 수 있었는데, 그녀는 현재 강서구청 근처에 위치한 원룸에 거주하고 있었다. 노 경감은 곧장 그녀의 집으로 향했다.

"계십니까? 경찰인데 뭐 좀 묻겠습니다."

실랑이 끝에 어렵사리 문을 연 김강륜의 전 애인 윤주휘는 짜증난 표정이었다.

"강륜 씨랑은 이미 끝난 사이라니까요. 도대체 무슨 볼일이 있으신 거죠?"

　노 경감의 질문에 몇 마디 답하던 윤주휘가 벌컥 짜증을 내고
말았다.

"안 만난 지 벌써 일 년이 넘었다고요."
"실례가 안 된다면 집을 잠시 둘러봐도 되겠습니까?"
"휴……."

　윤주휘는 깊은 한숨을 내쉬었다. 집에 들어간 노영욱 경감은
천천히 집을 살펴보고는 윤주휘에게 물었다.

"잠시 화장실 좀 써도 될까요?"
"그러세요."

　노영욱 경감은 화장실에서 나오며 물었다.

"김강륜 씨와 헤어진 다음에 다른 남성을 만나신 적이 있나요?"
"아니요. 일하느라 바빠서요."
"최근에 집에 남자 동료나 친구가 온 적은요?"
"몇 달째 집에 남자가 온 적은 없어요."
"오늘 화장실 청소를 하셨나요?"
"아니요. 도대체 그런 건 왜 물어보시는 거죠? 정말 짜증나네요.

화장실 청소는 저번 주 주말에 했다구요."

　노영욱 경감은 이후 추가 조사를 통해 윤주휘가 김강륜과 공범인 것을 알아냈다. 또한 잠복 끝에 김강륜이 그 집으로 들어가는 것을 발견하고 현장에서 체포하였다.

　과연 노영욱 경감이 윤주휘의 집에서 수상한 점을 발견하고 윤주휘를 공범으로 의심한 이유는 무엇일까?

Q16

윤주휘는 최근 몇 달간 자신의 집에 남자가 찾아오지 않았다고 진술했다. 하지만 노영욱 경감은 화장실에서 변기 커버가 모두 올라가 있는 것을 발견한 것. 남자가 오지 않았고, 오늘 청소를 한 것도 아닌데, 여성이 변기 커버를 모두 올려두는 경우는 거의 없다. 그렇기 때문에 노영욱 경감은 최근까지 남자가 집에 오지 않았다는 윤주휘의 말이 거짓말이라는 것을 눈치채고 김강륜과 공범이 아닌지 의심한 것이다.

Quiz 17

여왕의 편지

"삼촌, 퀴즈 하나 내줘. 그거 푸는 동안 조용히 있을게, 응?"

조카는 요즘 추리 문제 풀이에 재미를 붙여 이 경위를 볼 때마다 졸라댔다. 이 경위는 하는 수 없이 파일을 뒤적여서 편지처럼 보이는 낡은 종이 한 장을 꺼내 내밀었다.

"어떤 남자가 이 편지를 들고 전당포를 찾아갔어. 이 편지는 엘리자베스 1세 여왕이 스코틀랜드의 메리 1세 여왕에게 보낸 친서 원본이라고 했지. 자기 집안에 가보로 내려오는 귀한 서신인데, 이걸 담보로 돈을 빌려달라고 말이야. 그런데 편지를 읽은 전당포 주인은 비웃으며 이 편지를 내팽개쳤어. 그리고 어디서 사기를 치려고 하냐며 그 남자를 쫓아내버렸어. 왜 그랬을까? 이유를 찾아봐."

이 경위가 내민 종이를 열심히 살피던 조카는 5분도 안 지나

정답을 맞혀서 이 경위의 휴일 꿀잠 계획을 방해했다. 아래 편지를 살펴보고 뭐가 잘못되었는지 맞혀보자.

©wikipedia

| 해설 |

Q17

편지 맨 하단을 보면 편지를 쓴 사람의 서명이 엘리자베스 1세라고 적혀 있다. 그런데 엘리자베스 여왕이 통치하는 기간에는 본인을 1세라고 칭하지 않는다. 후대에 같은 이름의 왕이 다시 등장했을 때 비로소 전대의 왕에게 1세라는 이름을 붙이게 된다. 다시 말해, 2차 세계대전이 일어나기 전까지는 1차세계대전에 1차가 붙을 수 없는 것과 마찬가지 이치이다.

Quiz 18

도심의 총성

새벽 1시, 도심의 가로등 아래에서 한 남성이 가슴에 총을 맞은 채 싸늘한 시신으로 발견되었다. 사망자의 신원은 대부업체 사장인 50대 차선웅. 고리대금업으로 악명이 높은 자였다. 재킷 안주머니에서 휘갈겨 쓴 메모가 발견되었다. '12시 반. 김'까지만 내용을 알아볼 수 있었고, 나머지 글자는 피에 젖어 알아볼 수가 없었다. 이 경위는 차선웅이 12시 반에 김 모 씨를 만나려던 것이 아니었을까 짐작했다.

이 경위는 피해자 차선웅이 밤 12시쯤 사무실을 나갔다고 하니, 사건 발생 시각 피해자 주변에 있었던 사람들 중 성이 김 씨인 관련 인물을 우선적으로 추렸다. 그렇게 추린 용의자는 세 명. 다음은 세 명의 용의자의 진술이다.

김수찬(남, 42세)

사건 현장 근처에서 선술집을 운영. 키가 크고 건장한 체격.

263

"전 언제나처럼 그 시간에 가게 정리를 하고 있었어요. 가게가 번화가 쪽이 아니라서 늘 12시쯤이면 손님이 끊기거든요. 그래서 보통 1시 전에 문을 닫습니다. 그날은 11시 반쯤 손님이 끊겨서 느긋하게 가게를 정리했어요. 12시 반쯤 셔터 문을 내렸고요. 아르바이트생 없이 혼자 하는 술집이라 증인이 되어줄 사람은 없습니다만, 제가 항상 그 시간 전후로 가게를 닫는다는 건 인근 다른 가게 주인들이 알아요. 근처 편의점 김 사장이나 아르바이트생이 퇴근하는 저를 봤을지도 모르겠네요. 차선웅 씨요? 우리 가게에 자주 오는 손님 중에 한 분이시죠. 단골이에요. 가끔 저랑도 술잔을 기울이는 사이입니다."

김주혁(남, 29세)
사건 현장 근처의 편의점 사장. 평균 키에 보통 체격.

"밤 12시부터 새벽 6시까지 아르바이트생이 가게를 봅니다. 그 전엔 제가 있고요. 아르바이트생이 12시 좀 전에 왔고, 저는 그날 들어온 물건이랑 주의할 사항을 알려주고 12시 10분쯤 가게를 나왔습니다. 그리고 갓길에 주차해놓은 제 차에 타서 여자친구를 기다리고 있었어요. 여자친구는 편의점 근처 카페 사장인데, 그 시간쯤 가게를 닫기 때문에 제가 집까지 데려다주거든요. 그런데 웬 땅딸한 남자가 차 옆으로 지나가고 키가 큰 남자 하나가 뒤를 따르는 겁니다. 별 생각 없이 쳐다보고 있었는데, 키가 큰 남자가 앞선 남자를 향해 팔을 올렸어요. 그리고 뭔가 파열음이 들렸고 앞서 가던 남자가 가로등 아래에 쓰러졌습니다. 뭔가 잘못된 느낌이었는데 왠지 두려운 마음이 들어 차 밖으로 나갈 수가 없었어요. 자세를 낮추고 바라보다가 키가 큰 남자가 사라지고 나서 경찰에 신고를 했습니다. 맞습니다, 신고한 사람이 바로 접니다. 살해당한 사람이 사채업자 차 씨라면서요? 이 동네에서 가게 하는 사람이라면 다 아는 인물이죠."

김신철(남, 35세)
인근 빌라에 사는 주민으로 직업은 작가. 키가 크고 마른 체형.

"저는 글 쓰는 게 직업이라 보통 새벽까지 깨어 있습니다. 밤 12시부터 1시 정도에 머리를 비울 겸 산책을 하고요, 좀 출출해지는 시간이기도 해서 편의점에서 라면이나 맥주를 사 오기도 합니다. 피해자의 얼굴은 익히 알고 있습니다. 글쟁이 일이라는 게 수입이 일정치 않다 보니 항상 돈이 부족하거든요. 월세를 밀려서 사채를 써야 하나 고민할 때가 있었는데, 동네에 아는 형님이 차 씨를 소개해주더라고요. 하지만 때마침 밀린 원고료가 들어와서 돈을 빌리지는 않았습니다. 만난 적은 있지만 돈 거래를 하지 않았으니 원한이 생기고 말고 할 것도 없죠. 더 궁금한게 있으신가요?"

용의자 셋을 만난 후 노 경감이 이 경위를 돌아보며 물었다.

"자네는 이 셋 중 누가 범인이라고 생각하나?"

"당연히 이 사람이죠."

"그렇지? 용의자가 자신이 범인이라고 아주 대놓고 얘길 하니,
잡아주는 게 예의겠지?"

노 경감이 범인으로 지목한 사람은 누구일까?

Q18

범인은 편의점 사장인 김주혁이다. 김주혁은 사건을 목격한 사람으로서 진술했다. 그런데 김주혁은 분명 범인이 피해자의 뒤에서 쫓아가다가 총을 쏘았다고 했다. 그렇다면 총상은 등에 생겨야 한다. 하지만 피해자의 총상은 가슴에 있었다.

목격자의 진술과 피해자의 상흔이 다르니, 김주혁이 일단 가장 의심스러운 인물이라고 볼 수 있다.

Quiz19

쌍둥이 동생의 죽음

도심 외곽의 고급 빌라촌에서도 조금 떨어진 곳, 눈에 띄게 고급스러운 3층 저택에서 사건이 일어났다. 집 안에 엘리베이터가 있을 정도의 최고급 저택에서 사망 신고가 들어온 건 새벽녘이었다. 인근 파출소의 지원 요청을 받아 노 경감과 이 경위가 현장에 도착한 건 사건이 일어나고 몇 시간이 지나서였다. 저택 바깥쪽에 별도로 설치된 차고에 차를 대고 잔디밭을 꽤 걸어야 집에 도착할 수 있었다. 어제부터 내린 비는 아직 그칠 기미가 없었다. 노 경감과 이 경위는 폴리스 라인을 지나 저택 안으로 들어섰다.

"우리 집은 이 집 거실보다도 작겠군."

이현석 경위는 더러워진 신발을 현관에 벗으며 중얼거렸다. 현관에는 앞서 도착한 순경들의 신발 외에 티끌 하나 없이 깨끗한 남자 명품 구두 두 켤레가 놓여 있었다. 노영욱 경감은 집

안을 둘러보았다. 현장에 나와 있던 순경들이 노 경감을 알아
보고 경례했다.

"김 순경, 혹시 저 분이 용의자?"

노 경감이 휠체어에 탄 한 남자를 가리키며 속삭이듯 물었다.

"용의자라니요! 제 동생이 죽었습니다. 전 목격자이자 신고자입
니다."
"아, 죄송합니다. 귀도 참 밝으시네……."

노 경감은 남자를 관찰하며 말끝을 흐렸다.
　피해자의 쌍둥이 형은 휠체어를 타고 있었다. 고급스러운 정
장에 깔끔하게 정리한 머리, 오른쪽 손목에는 값비싼 시계가 빛
나고 있었다. 시계 액정은 다이아몬드로 보이는 보석이 둘러싸
고 있었고, 액정 오른쪽에는 태엽을 감는 번쩍이는 금빛 왕관
모양의 용두가 호화로움을 더하고 있었다.
　사건의 전말은 이랬다. 대대로 부자인 집에서 태어난 쌍둥이
형제가 있다. 형의 이름은 오재성, 동생의 이름은 오재진. 동생
오재진은 사교성이 좋고 사업 수완이 좋았다. 무엇보다 몸이
건강했다. 재진은 부모가 물려준 빌딩을 관리하고 명품 수입업
을 하며 도시에서 생활했다. 반면, 다리가 불편하고 성격도 소
극적인 형 오재성은 물려받은 저택에서 지냈다. 고립된 생활이

지만 다른 사람들의 시선을 받고 싶지 않았기에 만족하며 지냈다. 형 재성이 늘 외롭게 지내는 것 같아 동생 재진은 자주 형을 찾았다. 어제도 그런 날이었다. 비가 오는 날씨에도 차를 몰고 와 형과 술 한잔 기울이고자 했던 재진. 저택도 자랑하고 형에게도 소개시킬 겸, 미모의 여성 두 명과 동행했다. 형에게 귓속말로 한 명은 자신이 마음에 두고 있는 여성이라며 싱긋 웃어 보였다.

"여자 분들이 집을 둘러보는 사이 저희는 가볍게 위스키를 한잔했어요. 재진이는 집에 도착하면 항상 집에 있는 가장 좋은 술로 언더록을 만들어 달라고 해요. 어젯밤에도 얼음을 넣은 위스키한 잔을 제가 만들어줬죠. 재진이에게는 언더록의 원칙이 있어요. 각얼음 5개에 위스키는 스트레이트 잔으로 한 잔 가득 따라 섞어주는 걸 좋아하죠. 그리고 저한테 항상 제대로 만들어졌는지 먼저 마셔보라고 해요. 언제나 하는 습관이죠. 그래서 어제도 제가 언더록을 만들어 한 모금을 마시고 재진이에게 줬어요. 그러고 나서는 여자 분들과 다 같이 3층 영화감상실로 이동했어요. 제가 몸이 이렇다 보니, 집에서 음악도 듣고 영화도 봅니다. 괜찮은 시설을 갖춘 영화감상실과 음악감상실이 있죠. 클래식 영화를 함께 보기로 하고 영화감상실에 올라가 각자 자리를 잡았어요. 그렇게 영화를 보는데 갑자기 머리가 너무 아프더라고요. 정신을 잃을 듯 어지러웠어요. 그런데 건너편 의자에 앉아 영화를 보던 재진이가 갑자기 쓰러지는 거예요. 너무 놀란 저는 흐려지

는 정신을 붙잡으며 두 여자 분에게 1층에 가서 비상벨을 누르라
고 했어요. 비상벨을 누르면 건너편 집에서 집사가 바로 달려오
니까요."

이후, 여자들은 1층으로 뛰어가 벨을 눌렀으며 곧 집사가 달
려왔다. 얼마 뒤 응급차가 도착해서 쓰러진 재진을 싣고 병원
으로 옮겼지만 독극물 중독으로 결국 사망하고 말았다. 재성
역시 두통을 호소하다 쓰러져 병원으로 옮겨졌고, 몇 시간 후
에야 상태가 호전돼서 집으로 돌아와 수사에 협조하고 있었다.

"시계가 아주 좋아 보이네요. 그런 시계는 비
싸겠죠?"

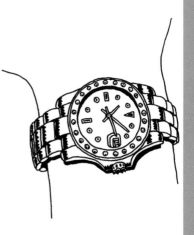

이 경위가 뜬금없는 질문을 하자 재성은
순간적으로 싱긋 웃으며 답했다.

"아, 이 시계요? 왜요, 하나 사시게요? 주문 생
산이라 형사 월급으로는 힘들 텐데요."

재성은 비웃음을 숨기지 않았다.

"그렇겠죠, 형사가 얼마나 박봉인데요. 그런데 오재성 씨, 현관
에 있는 신발은 누구 거죠?"

"아, 하나는 제 신발이고, 그 옆의 것은 동생 신발입니다. 어제 오면서 신고 온 신발이에요."

이 경위는 노 경감을 바라보며 말했다.

"이 분, 아무래도 경찰서로 모셔야겠죠?"
"당연하지. 처리해."

이 경위와 노 경감이 오재성을 추가 조사해야겠다고 생각한 이유는 무엇일까?

Q19

의심스러운 점을 하나씩 짚어보자. 오재성은 오른쪽 손목에 시계를 차고 있었다. 보통 왼손잡이들이 오른쪽 손목에 시계를 차는데, 주문 제작한 시계라면 왼손잡이의 특성에 맞게 용두를 시계 액정의 왼쪽에 설치하는 것이 자연스럽다. 그런데 다이아몬드 세팅까지 된 최고급 맞춤 시계가 왼손잡이 고객의 편의를 고려하지 않은 셈이니 말이 되지 않는다. 오른손잡이용으로 만든 시계를 왼손잡이가 착용한 게 아닐까 하는 의심이 드는 부분이다.

두 번째, 현관에 있는 구두가 모두 깨끗하다고 했다. 그런데 오재진은 비가 오는 날 저택에 도착했다. 차고는 저택 밖에 따로 있어 잔디밭을 걸어 들어와야 한다. 그럼에도 불구하고 오재진의 신발이 깨끗하다는 것이 의심을 불러일으키는 이유다.

두 가지 의심만으로도 추가적인 조사가 필요해 보이는데, 약간의 상상력을 더하면 어쩌면 지금 휠체어를 타고 있는 사람이 오재진이고, 사망한 사람이 오재성일지도 모른다는 추리도 가능한 문제이다.

위스키를 언더록으로 만들어서 오재성이 한 모금 마신 후 오재진에게 줬다고 했는데, 실은 오재진이 만들어 형에게 먹게 했다면? 자신도 의심을 피하고자 한 모금 마신 거라면?

오재진이 쓰러졌을 때 오재성이 두 여자를 모두 1층으로 내려보낸 것도 수상하다. 한 명은 내려보내더라도, 다른 한 명은 119를 부르거나 다른 도움을 요청할 수 있었을 것이다. 어쩌면 동행한 두 여자와 짜고 형을 죽인 오재진이 오재성을 흉내내고 있는 것은 아닐까?

Quiz20
403호
살인 사건의 전말

어젯밤 11시경 한 모텔 투숙객으로부터 신고가 들어왔다. 바로 위층에서 뭔가 물건을 부수는 것 같은 소음이 심하게 들리는데, 모텔 데스크에 아무도 없어서 신고를 한다는 것이었다. 인근에서 순찰을 돌던 순경 둘이 모텔로 출동했다. 신고를 한 사람은 302호 투숙객이었다. 순경 중 한 명은 302호로 향했고, 다른 한 명은 3층 복도에서 행여 4층에서 내려오는 사람은 없는지 보고 있었다. 302호 문을 두드리자 투숙객이 나왔다.

"네, 제가 신고한 거 맞습니다. 방금 전까지 위에서 부수고 툭탁거리는 소리가 크게 났는데, 지금은 조용해졌네요. 아마 경찰차 사이렌 소리에 멈췄나 봐요."

순경 둘은 좁은 계단을 올라 4층으로 향했다. 4층에는 좁디좁은 복도를 따라 세 개의 방이 나란히 있었다. 복도가 어찌나 좁은지 객실 문을 연 상태로는 성인 한 명이 지나갈 수도 없을 정도였다. 그런데 계단을 올라가자 첫 번째 방인 401호의 문이 열려 있었다. 그리고 덩치 큰 사내가 객실 문지방과 복도에 걸쳐 코를 골며 누워 있었다. 술에 취한 모양이었다. 그 상태로는 안쪽 객실로 이동할 수가 없어서 순경들은 사내를 흔들어 깨웠다. 하지만 사내는 꼼짝도 하지 않았다. 하는 수 없이 순경들은 사내의 팔다리를 나누어 들고 객실 안으로 옮겼다. 그러자 깨어난 사내가 팔다리를 버둥거리며 요란을 떨었다.

"당신들 뭐야!"

두 순경은 사내에게 신고가 들어와서 온 거라고 설명하고 방을 빠져나왔다. 401호 방은 정돈되어 있었기 때문에 소음이 여기서 발생한 것 같지는 않았다.

복도에 다시 나온 순간, 두 순경의 눈에 띈 것은 열려 있는 403호 객실 문이었다. 두 순경은 바로 403호로 향했다. 객실 안은 엉망이었다. 조악한 집기들이 부서진 채 나뒹굴고 있었고,

그 옆에 한 남자가 쓰러져 있었다. 확인해 보니 남자는 이미 사망한 상태였고, 목에는 손으로 누른 교살 자국이 뚜렷하게 남아 있었다. 그리고 목에는 밧줄이 걸려 있었다. 아마도 자살로 위장하기 위해 범인이 현장을 꾸미려다 여의치 않자 급히 자리를 떠난 것 같았다. 두 순경은 곧바로 지원 요청을 하고, 남은 402호 문을 열었다. 그곳에는 아무도 없었다.

이현석 경위와 노영욱 경감은 근처에서 잠복수사를 하다 지원 요청을 받고 현장에 도착했다. 피해자의 시신은 이미 구급차로 옮겨진 상태였는데, 현장에 있었던 순경들의 말에 따르면 시신은 자신들이 처음 발견했을 때 사망한 지 얼마 되지 않은 듯 보였다고 했다. 401호 투숙객은 경찰서에서 참고인 조사를 받고 있고, 402호 투숙객은 행방이 묘연해서 용의자로 보고 뒤를 쫓고 있다고 했다.

"이 경위, CCTV 확인했나?"
"네, 모텔 입구에 CCTV가 있었는데, 순경들이 도착하고 10분 정도 지났을 때 한 남자가 건물을 빠져나가는 모습이 포착되었습니다. 모텔 주인이 402호 투숙객이라고 확인해주었고요."
"402호 투숙객은 순경들이 4층에 있을 때 도망친 거로군."

그러자 최초 출동했던 순경 중 한 명이 의아한 듯 노 경감에게 물었다.

"저희가 4층에 있을 때 용의자가 도망가다니요. 그게 무슨 말씀 이십니까, 경감님?"

신참으로 보이는 앳된 얼굴의 순경은 당황한 표정이 역력했다.

"이봐, 자네 신입이지? 같이 출동한 순경도 경험이 적었을 테고. 모텔에서 시끄러운 소리가 났다고 하면 최소 폭력 사건이라고. 그런데 도주로도 막지 않고, 한심하군."

순경들이 4층에 있는 동안, 과연 402호 투숙객인 용의자는 어떻게 도주할 수 있었던 것일까?

Q20

CCTV로 확인된 사항은 범인이 창문이나 다른 경로가 아니라 분명히 모텔 입구로 빠져나갔다는 것이다. 그런데 순경 둘 중 하나가 3층에서 계단 쪽을 주시하고 있는 상황에서는 4층에 있던 투숙객이 눈에 띄지 않고 도주하기 어렵다. 따라서 범인은 순경 둘이 4층에 있을 때 도망친 것이다.

우선 401호와 402호 투숙객은 한패였을 가능성이 높다. 복도가 좁은 상황이니 우선 시간을 끌기 위해 401호 앞에 한 사람이 누워 범행 현장인 403호로 진입하지 못하도록 한다. 순경들은 살인 사건이라는 걸 제대로 인지하지 못한 상황에서 일단 그 사람부터 안으로 옮길 것이다. 이때를 틈타 403호에서 살인을 저지른 402호 투숙객이 403호에서 402호로 이동한다. 401호 투숙객을 안으로 옮긴 순경들이 복도로 나왔을 때 402호와 403호의 문이 전부 닫힌 상태라면 아마 402호 문을 먼저 열어보겠지만, 403호 문이 열려 있었기에 순경들은 우선 403호로 갔다. 순경들이 범행이 일어난 현장을 보고 상황을 파악하는 동안 402호 투숙객은 재빠르게 건물을 빠져나간다. 이렇게 한다면 범행을 저지른 402호 투숙객은 경찰의 눈에 띄지 않고 도주가 가능하다.

추리 두뇌 플레이

초판 1쇄 인쇄 2017년 8월 10일
초판 1쇄 발행 2017년 8월 21일

지은이 | 노영욱

펴낸곳 | (주)가나문화콘텐츠
펴낸이 | 김남전
기획부장 | 유다형
기획 | 변유경
책임편집 | 서선행
교정교열 | 조경인
기획1팀 | 이정순 서선행
디자인 | 정란
마케팅 | 정상원 한웅 김태용 정용민 김건우
경영관리 | 임종열 김다운

출판 등록 | 2002년 2월 15일 제10-2308호
주소 | 경기도 고양시 덕양구 호원길 3-2
전화 | 02-717-5494(편집부) 02-332-7755(관리부)
팩스 | 02-324-9944
홈페이지 | www.ganapub.com
이메일 | admin@anigana.co.kr

ISBN 978-89-5736-921-0 03320

* 이 도서의 국립중앙도서관 출판시도서목록(CIP)은 서지정보유통지원시스템 홈페이지
  (http://seoji.nl.go.kr)와 국가자료공동목록시스템(http://www.nl.go.kr/kolisnet)에서
  이용하실 수 있습니다.(CIP제어번호: CIP2017019015)

가나출판사는 당신의 소중한 투고 원고를 기다립니다. 책 출간에 대한 기획이나 원고가 있으신
분은 이메일 ganapub1@naver.com으로 보내주세요.